Grundschule

Rudi Lütgeharm

Bewegung schafft Grundlagen für Lesen & Schreiben

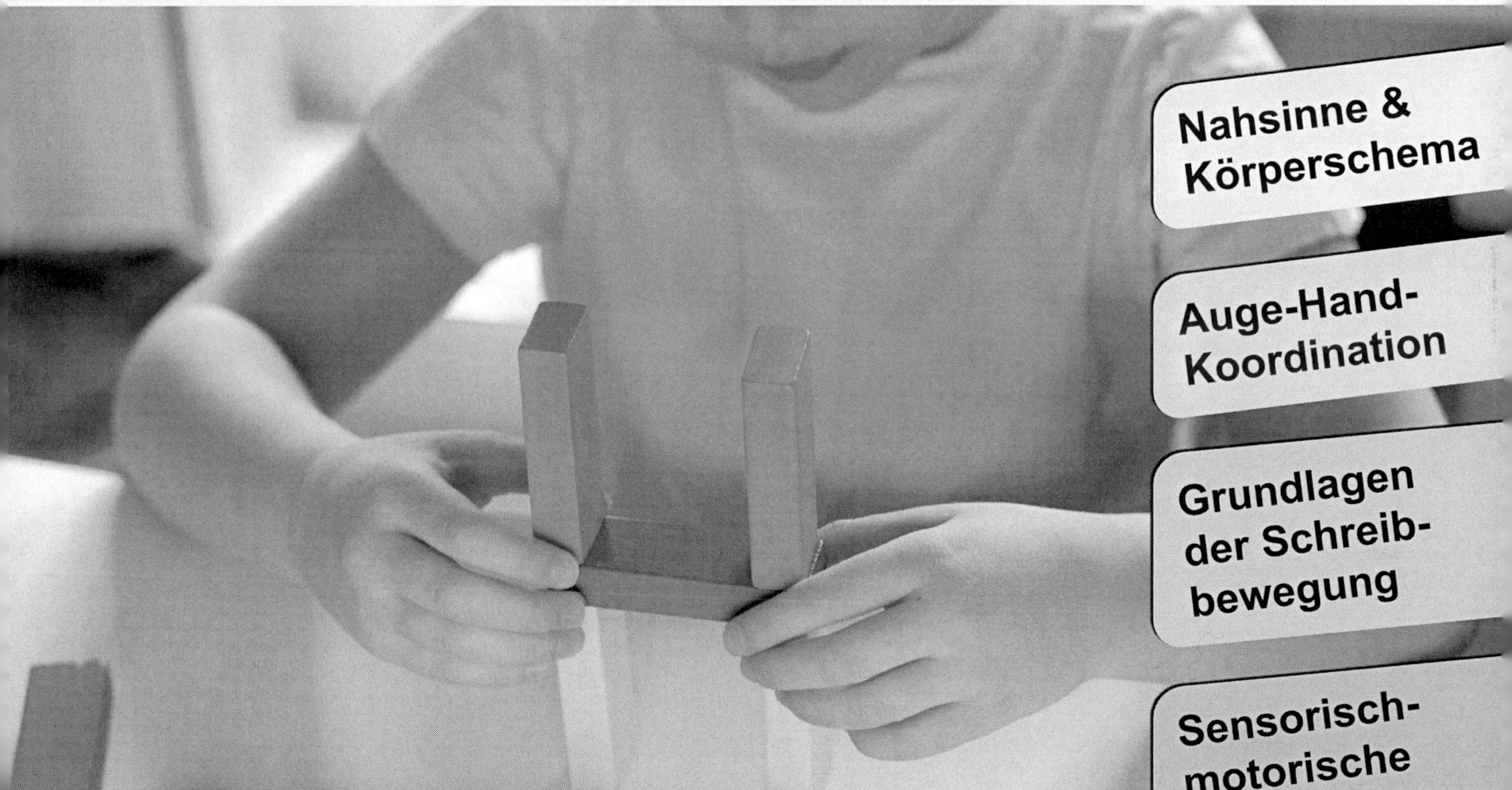

- Nahsinne & Körperschema
- Auge-Hand-Koordination
- Grundlagen der Schreibbewegung
- Sensorisch-motorische Grundlagen

- Von der Großmotorik zur Feinmotorik
- Grundmuster der Schrift
- Lernhilfen im Schreiblernprozess
- Ohne Vorarbeit ➲ sofort umsetzbar!

www.kohlverlag.de

Bewegung schafft Grundlagen
für Lesen & Schreiben

1. Auflage 2023

Inhalt: Rudi Lütgeharm
Illustrationen: Scott Krausen
Redaktion: Kohl-Verlag
Umschlagbild: © Yulia Panova - AdobeStock.com
Grafik & Satz: Eva-Maria Noack / Kohl-Verlag
Druck: farbo prepress GmbH, Köln

Bestell-Nr. 12 722

ISBN: 978-3-98558-112-2

© AdobeStock.com:
S. 5: Kablonk Micro, OlgaKhorkova; **S. 9**: Sergey Novikov (2x), Visions-AD; **S. 11**: lagom, ziggy, Netzer Johannes, Robert Kneschke, natalialeb, anoushkatoronto; **S. 12**: Henrie; **S. 13**: Irina Schmidt; **S. 14**: MNStudio, contrastwerkstatt; **S. 15**: Henrie, contrastwerkstatt; **S. 17**: ruslanshug; **S. 19**: Henrie; **S. 21**: Henrie; **S. 23**: thingamajiggs; **S. 24**: U. J. Alexander; **S. 28**: Irina Schmidt, contrastwerkstatt; **S. 30**: Maryna Osadcha; **S. 32**: Maryna Osadcha; **S. 34**: photophonie; **S. 35**: Kara, yanadjan, U. J. Alexander; **S. 36**: natalinka29, Maryna Osadcha, Sergey Novikov; **S. 37**: Andreas Koch, jozsitoeroe, fotogestoeber; **S. 38**: Halfpoint, Joshua Resnick; **S. 39**: Klara Viskova + appler; **S. 40**: Klara Viskova + appler; **S. 41**: Klara Viskova + appler, tigatelu, ya_mayka, Gstudio, Mitart, Mari_art; **S. 43**: Sergey Novikov; **S. 44**: Sergey Novikov, ANNA; **S. 45**: Africa Studio, skif; **S. 46**: burdun, Cheangchai; **S. 47**: Studio Romantic, famveldman; **S. 48**: BillionPhotos.com; **S. 49**: Nikola Solev; **S. 50**: sea-walker, Photo In Photo; **S. 55**: tigatelu

Inhalt

Inhalt

1 Vorwort und Einführung

> **„Wer das erste Knopfloch verfehlt, kommt mit dem Zuknöpfen nicht zurecht.“**
>
> – Johann Wolfgang von Goethe –

Lehrer* beschäftigen sich meistens mit fachdidaktischen und methodischen Fragen: „Was sollen meine Schüler lernen und wie kann ich ihnen diese Lerninhalte am besten vermitteln?“ Mit der Frage „Wie geschieht Lernen?“ beschäftigen sie sich in der Regel weitaus weniger.

Bewegung und Wahrnehmung sind quasi Wurzeln und Stamm des „Lernbaumes“, bei dem die Ausbildung der Kulturtechniken Lesen und Schreiben die Hauptäste einer riesigen Baumkrone darstellen.[1]

Kinder im Vor- und Grundschulalter sind ständig in Bewegung, sie entdecken und erfahren täglich und situativ körpernah durch Bewegung etwas Neues. Während Kinder laufen, hüpfen, springen, balancieren, steigen, klettern, hängen, schwingen, stützen, wälzen, rollen, werfen, fangen, ziehen, schieben ..., erobern sie sich ihre Umwelt und sammeln dabei vielfältige Bewegungserfahrungen in der Motorik und in den Wahrnehmungsbereichen. Immer sind diese Erfahrungen an Sinnesempfindungen im taktil-kinästhetischen, vestibularen, auditiven und optischen Bereich gekoppelt. Stück für Stück bildet sich so ein großer „Bewegungsschatz“, aus dem man später abrufen und vergleichen kann.

Die Grundlage für unser Wissen, für unser Verständnis der Welt sind Wahrnehmungen und Empfindungen, die wir mit Augen und Ohren, mit der Nase und der Zunge, über die Haut und die Propriozeptoren aufnehmen.[2] Ziel ist es, durch vielfältige Bewegungshandlungen (Bewegungsaufgaben) eine harmonisierende Beeinflussung der Sinneswahrnehmung insgesamt zu erreichen und damit auch die Voraussetzungen für ein erfolgreiches Lernen zu schaffen bzw. zu verbessern. Mit viel Praxis wird verdeutlicht, dass die Nahsinne (taktile, kinästhetische und vestibuläre Wahrnehmung) Grundlagen für jegliches Lernen sind.

Dieses Buch erläutert in verständlicher Form, **welche Voraussetzungen für das Lernen von Lesen und Schreiben besonders wichtig sind** und wie man sie durch Bewegung verbessern kann. Es werden die Zusammenhänge zwischen sensorisch-motorischen Grundlagen und grafomotorischer Entwicklung aufgezeigt. Mit interessanten Aufgaben werden die Kinder über grobmotorische Bewegungen zur Feinmotorik geführt und so die Grundmuster der Schrift vermittelt. Mit spielerischen Übungen wird die Auge-Hand-Koordination verbessert.

Dieses Buch soll informieren und beraten, nicht belehren. Es erhebt keinen Anspruch auf Vollständigkeit und enthält keine Rezepte, gibt aber Lehrkräften, Schulleitern, pädagogischen Fachkräften, Eltern und Erziehern leicht umsetzbare Hilfen an die Hand.

Viel Spaß und Freude bei der Umsetzung der Anregungen und Bewegungsaufgaben wünschen der Kohl-Verlag und

Rudi Lütgeharm

* *Hinweis: Mit Schülern bzw. Lehrern sind im ganzen Heft selbstverständlich auch die Schülerinnen und Lehrerinnen gemeint!*

---

1 Pütz, G./Lensing-Conrady, R./Schönrade, S./Beins, H.-J./ Beudels, W.: An Wunder glauben ... , S. 135

2 Hannaford, C.: Bewegung – das Tor zum Lernen, S. 11

1 Vom Schwinden der Sinne

► Kinder sehen und hören nur noch

„Was hat eigentlich eine unleserliche Schrift, ein zu großer Schreibdruck oder das Nichteinhalten von Linien mit Bewegung zu tun?"

Mit dem Schwinden der Sinne[1] versucht eine Grundschullehrerin die veränderten sensorischen und motorischen Fähigkeiten der Schüler zu beschreiben:

„Sie können nicht mehr balancieren, nicht mehr rückwärts laufen oder die Linien beim Schreiben einhalten!"

Im Alltag gehen die Möglichkeiten **körperlich-sinnlichen Erfahrens** immer mehr zurück und so besteht schon bei Vor- und Grundschulkindern die Gefahr, dass sich ihre sinnliche Wahrnehmung vorwiegend auf das **Sehen und Hören** beschränkt.

Man denke hierbei nur an folgende Beispiele im Alltag:

1. Türen öffnen sich automatisch, wenn man vor sie tritt;
2. das Licht geht an, wenn man einen Raum betritt;
3. das Wasser fließt, wenn man die Hände unter den Wasserhahn hält.

Aus der Knopfdruckgesellschaft ist inzwischen eine Sensor-Tasten-Gesellschaft geworden.[2]

Kinder sehen und hören nur noch ...

Obwohl Kinder noch nie ein solch großes Angebot an unterschiedlichen Spielmaterialien und Freizeitaktivitäten hatten, stehen moderne Medien, wie der Umgang mit dem Handy, Fernsehen und Spiele am Computer, im Vordergrund.

- Dabei wird bei vielen Kindern meistens nur die visuelle und auditive Wahrnehmung angesprochen.
- Sie sehen und hören nur noch, anstatt zu fühlen oder zu betasten und damit im wahrsten Sinne des Wortes „zu be-greifen".

Diese doch recht schmale Wahrnehmung ist meistens gekoppelt mit einem Mangel an Bewegung – für die Erkenntnisgewinnung fehlen den Kindern damit wichtige andere Wahrnehmungen (taktil, vestibulär und kinästhetisch). Kinder, die nur noch im Sitzen „klicken" bzw. Tasten bedienen, können keine vielfältigen Bewegungserfahrungen in den anderen Wahrnehmungsbereichen machen.

Man denke hierbei an folgendes Beispiel:

Ein Schulkind, das mit dem Fahrrad zur Schule fährt, braucht für diese motorische Aktion mehrere intakte Sinnesorgane (Sehen, Hören, Gleichgewicht halten, taktile und kinästhetische Informationen etc.), um sicher und unfallfrei durch den Alltagsverkehr zu kommen.

---

[1] So der gleichnamige Titel eines Films von Reinhard Kahl aus der Reihe: „Kindheit heute", ausgestrahlt im NDR 1992

[2] Klaus Bös/Nadja Schott: „Kinder brauchen Bewegung – leben mit Turnen, Sport, Spiel"

1 Vom Schwinden der Sinne

Körperlich-sinnliche und virtuelle Welten:

Was Erziehern, Lehrkräften, Psychologen und Medizinern Sorgen bereitet, ist die Einschränkung der realen Bewegungswelt durch virtuelle Welten. Damit verbunden ist der Verlust an echten Bewegungserfahrungen und körperlicher Leistungsfähigkeit.

Kinder, die meistens sitzen und nur noch Tasten und Knöpfe an Computern betätigen, halten sich in einer virtuellen Welt auf, die man beliebig beherrschen und gestalten kann.

Zum besseren Verständnis werden im Folgenden die Unterschiede zwischen echten körperlich-sinnlichen Erfahrungen und virtuellen Erfahrungen gegenübergestellt.

Die körperlich-sinnliche (reale) Welt ... ist konkret, d. h. wirklich, gegenständlich, fass- und greifbar.	**Die virtuelle (abstrakte) Welt ...** ist abstrakt, d. h. nicht gegenständlich und nicht wirklich.
Bewegungserfahrungen werden über die **Nahsinne** wie taktile, kinästhetische und vestibuläre Wahrnehmung vermittelt.	Virtuelle Welten werden über die **Fernsinne** wie visuelle und auditive Wahrnehmung vermittelt.
Mit und durch Bewegung löst man motorische Aktionen aus und muss sich anschließend mit effektiven/zweckmäßigen Bewegungen auf die neue Situation einstellen.	Man ist nur Auslöser von festgelegten Programmabläufen, die durch Algorithmen (Verarbeitungsvorschriften) bestimmt werden.

Beispiel: Das Kind steht am Ufer eines Teiches und stellt vorsichtig einen Fuß auf das Eis ... es knackt, das Eis bricht ... Schnell zieht das Kind den Fuß zurück ans sichere Land, um nicht einzubrechen.

Beispiel: Zwei Kinder stehen sich mit Abstand gegenüber und werfen sich einen Ball zu. Nach einem zu kurzen Zuspiel von A muss B von der geplanten Aktion abweichen und sich schnell auf die neue Situation einstellen, d. h. evtl. mit kleinen Schritten nach vorn laufen, um den Ball doch noch fangen zu können.

KOHL VERLAG
Bewegung schafft Grundlagen für Lesen & Schreiben – Bestell-Nr. 12 722

1 Vom Schwinden der Sinne

Viele Erzieherinnen, Lehrkräfte und Eltern stellen immer wieder fest, dass insgesamt die Geschicklichkeit, aber auch die Belastbarkeit der Kinder abgenommen hat.

Immer häufiger entdeckt man Schulanfänger, die ihre Schrift nicht im vom Papier begrenzten Raum behalten können, die den Stift so fest aufdrücken, dass das Papier zerstört wird oder aber aufgrund zu leichten Druckes eine fast nicht mehr lesbare Schrift produzieren.[3]

Beispiele: **Viele Kinder haben Schwierigkeiten bzw. Probleme, …**

→ kurzzeitig auf einem Bein zu stehen, ohne dabei das Gleichgewicht zu verlieren,
→ einen Ball zu fangen und/oder zu prellen,
→ rhythmisch hin und her zu hüpfen,
→ im Scherenschritt vorwärts über eine Linie zu gehen,

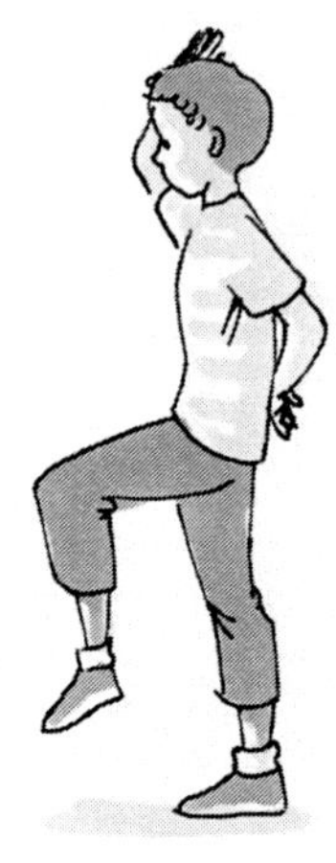

→ durcheinander zu laufen und dabei anderen Kindern auszuweichen,
→ über eine Linie oder einen Balken zu balancieren,
→ nach dem „Stolpern“ wieder ihr Gleichgewicht zu finden und nicht zu fallen,
→ eine Treppe schnell, kleinschrittig und rhythmisch hochzulaufen.

Die Gründe liegen in den nicht ausreichenden Bewegungserfahrungen der Kinder. Wer morgens mit dem Bus oder mit dem PKW zur Schule gebracht wird und nachmittags stundenlang vor dem Computer/Handy oder Fernseher sitzt, hat immer weniger Gelegenheit, seine Sinne zu schulen, z. B. …

→ mit anderen Kindern um die Wette zu laufen, sich mit ihnen zu messen oder sich mit ihnen spielend kreativ immer wieder anders zu bewegen,
→ mit unterschiedlichen Bällen in vielfältiger Form umzugehen, z. B. zu werfen, fangen, prellen, jonglieren, mit Händen und Füßen den Ball zu spielen usw.,
→ auf schmalen Stegen, Mauern, Baumstämmen oder anderen Gegenständen zu balancieren,
→ auf Klettergeräte, Mauern und Bäume zu klettern und danach herunterzuspringen usw.

➢ Ist es denn so wichtig, dass Kinder die exemplarisch genannten Bewegungsaufgaben ausführen können?

✓ Ja, weil grobmotorische Bewegungsabläufe grundlegend für das spätere Erlernen des formgerechten Schreibens, Rechnens und Lesens sind.

[3] Cratty 1994; Selfe 1985

1 Vom Schwinden der Sinne

Grobmotorik	Feinmotorik
Kinder balancieren über einen Baumstamm. 	Das Kind steuert seine Bleistifthaltung und Schriftbewegung so, dass das Geschriebene innerhalb der Markierung bleibt. 

<u>Ganz gleich, ob das Kind …</u>

→ über einen schmalen Baumstamm balanciert,

→ einen Stift zum Schreiben eines Buchstabens bzw. eines Wortes mit dosiertem Krafteinsatz über das Papier führt,

→ einen gegen die Wand geworfenen Ball wieder aufzufangen versucht,

... sollte man immer daran denken, dass es dabei auf eine gut funktionierende Wahrnehmung und auf vielfältige Bewegungserfahrungen im grob- und feinmotorischen Bereich angewiesen ist.

Gut funktionierende Sinne sind der Garant dafür, dass das Kind wahrnimmt, was in seinem Körper selbst und im Kontakt des Körpers mit der Umwelt geschieht. Im Umkehrschluss heißt das also: Die Bedeutung des „Schwindens der Sinne“ wird deutlich, wenn man bedenkt, dass Lernschwierigkeiten, vor allem in den Schulleistungsbereichen Lesen, Schreiben und Rechnen, die Folgen von Wahrnehmungsbeeinträchtigungen sind.

Damit sich die Sinne bei den Kindern entwickeln können, brauchen sie Anregungen und Training, sonst besteht die Gefahr, dass die Sinne aus der Übung kommen.

Dieses Buch erläutert und veranschaulicht in leicht verständlicher Form, …

→ welche Sinne es gibt, siehe „Die Familie der Sinne“,

→ wie die Wahrnehmungssysteme funktionieren und ablaufen,

→ welche Sinne besonders wichtig für das Lernen, das Lesen und das Schreiben sind,

→ wie man die Sinne fördern bzw. schulen kann.

2 Die Familie der Sinne

► Basissinne – ihre Bedeutung für das Lesen und Schreiben

Meistens werden in der Literatur (auch in der Fachliteratur) nur fünf Sinne genannt und beschrieben: **Sehen, Hören, Riechen, Schmecken, Berühren**.

Häufig werden die sogenannten Körpernahsinne – die taktile Wahrnehmung (Hautsinn), die vestibuläre Wahrnehmung (Gleichgewichtssinn) und die kinästhetische Wahrnehmung (Bewegungssinn) nicht erwähnt. Dabei sind sie für die sensorische Verarbeitung und für das Lernen insgesamt besonders wichtig.

Man bezeichnet die taktile, kinästhetische und vestibuläre Wahrnehmung auch als Basissinne, weil sich diejenigen Sinne zuerst entwickeln, die uns Informationen über unseren eigenen Körper und seine Beziehungen bzw. Kontakte zur Umwelt ermöglichen.

Damit bilden die taktilen, vestibulären und kinästhetischen Erfahrungen die Wurzeln der kindlichen Wahrnehmungsentwicklung, auf denen alle anderen aufbauen. Erst danach folgen die Sinne, die uns Informationen über körperferne Dinge ermöglichen wie das Hören und Sehen (körperferne Sinne).

Um sich aktiv mit der Alltagsumwelt auseinander zu setzen, benötigen Kinder intakte Wahrnehmungssysteme. Diese können sich aber nur entwickeln, wenn alle Sinne im Elternhaus, in der Schule und natürlich in der Freizeit gefördert und gefordert werden. Je mehr alle Wahrnehmungssysteme angesprochen werden, desto besser und intensiver werden Erfahrungen gespeichert. Vor allem taktile, vestibuläre und kinästhetische Sinnesreize sollten dabei im Vordergrund stehen. Eine stabile Entwicklung dieser Basissinne – eine Kräftigung der Wurzeln – durch möglichst vielfältige Bewegungsaktivitäten kann man als „**sensorische Nahrung**" verstehen.

Sensorische Nahrung

Eine stabile und umfangreiche Entwicklung dieser Basissinne durch möglichst vielfältige Bewegungsaktivitäten kann man als „sensorische Nahrung" bezeichnen. Vielfältige Bewegung – Wahrnehmen, Erleben, Fühlen, Denken, Handeln – hinterlässt im Gehirn „**Gedächtnisspuren**".

Die moderne Neurowissenschaft macht deutlich: Durch über Nervenverbindungen (Synapsen) laufende elektrische Impulse verändern sich diese Synapsen und leiten besser. Dies bewirkt langfristig, dass sich die Impulse Trampelpfade durch das Gehirn bahnen. Diese Trampelpfade sind strukturelle Spuren, also keine theoretischen Gebilde.[1]

Damit sich diese Trampelpfade bei den Mädchen und Jungen entwickeln können, brauchen sie vielfältige Anregungen und wiederholtes Üben der Grundtätigkeiten. Sie müssen laufen, hüpfen, springen, balancieren, rollen, wälzen, heben, tragen, stützen, schwingen, hängen usw.
Aus diesen Grundtätigkeiten, die sie in unterschiedlichen Situationen anwenden, erwächst ihnen ein sich immer mehr erweiternder „Schatz an Bewegungserfahrungen".

[1] Spitzer, M.: Dr. Dr.: Digitale Demenz, S. 20

2 Die Familie der Sinne

Wenn ein Kind vielfältige Bewegungserfahrungen im Umgang mit unterschiedlichen Bällen macht …

… oder über einen Baumstamm balanciert, durch eine Pfütze läuft, sich an einer Stange mit beiden Armen hochzieht, gemeinsam mit anderen Kindern schaukelt, auf einem angemalten Zahlenkasten hüpft oder mit einem kleinen Ball auf ein Ziel wirft … werden komplexe Anpassungsreaktionen in Gang gesetzt. Das Gehirn erhält „sensorische Nahrung" und damit die Chance, sich weiter zu entwickeln. Besonders wichtig hierbei sind handlungsorientierte und selbstbestimmte Auseinandersetzungen mit alltäglichen Gegenständen und Materialien.

Vordergründig sollen die Kinder dabei die Bewegungsabläufe versuchen, ausprobieren, verändern und variieren.

Im Folgenden werden die Sinne beschrieben, ihre Bedeutung veranschaulicht und Beispiele zu ihrer Schulung genannt. Die für das Lesen und Schreiben nicht so bedeutsamen Sinne wie Geruchssinn und Geschmackssinn werden hier nicht erläutert.

- Hautsinn = taktile Wahrnehmung
- Gleichgewichtssinn = vestibuläre Wahrnehmung
- Bewegungssinn = kinästhetische Wahrnehmung
- Sehsinn = visuelle Wahrnehmung
- Gehörsinn = auditive Wahrnehmung
- Geruchssinn = olfaktorische Wahrnehmung
- Geschmackssinn = gustatorische Wahrnehmung

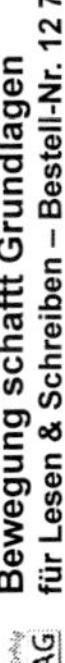

2 Die Familie der Sinne

2.1 Hautsinn = taktile Wahrnehmung

- Die Haut ist das flächenmäßig größte Sinnessystem des Menschen.
- Die Rezeptoren sind auf der Haut unterschiedlich dicht verteilt und reagieren auf Berührung, Temperatur, Druck, Schmerz, Zug und Vibration.
- Pro Quadratzentimeter Haut können sich zwischen 7 und 135 Rezeptoren befinden.
- Fingerkuppen, Handteller, Fußsohlen und Lippen weisen eine hohe Dichte an Tastkörperchen auf. Daher nennt man diesen Sinn oft auch **Tastsinn**. Oberarm, Oberschenkel und Rücken haben eine wesentlich geringere Dichte.

„Ball abtasten“:
Informationen über die Oberfläche des Balles, seine Form und seine Beschaffenheit fühlen/spüren.

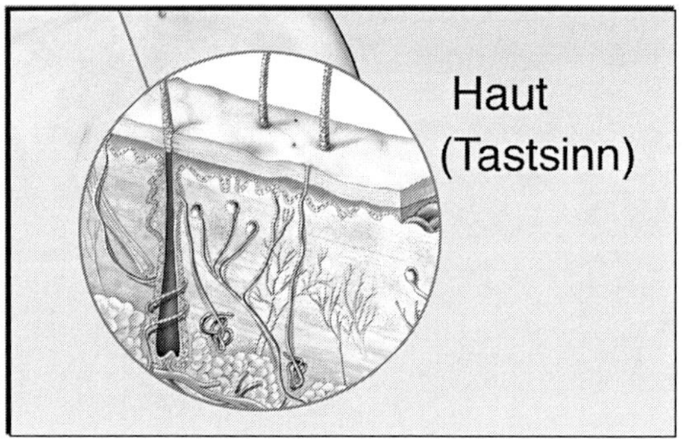

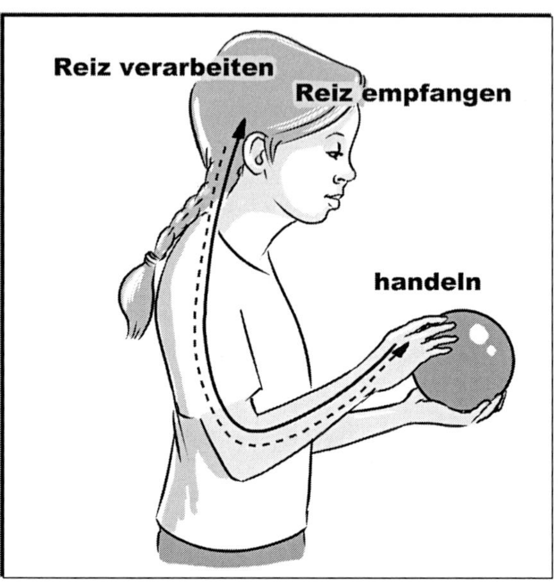

Wenn man sich im Dunkeln zurechtfinden muss, wird einem die taktile Wahrnehmung meistens wesentlich bewusster.

Durch die taktile Wahrnehmung wird es dem Kind z. B. möglich, …

- durch aktives Berühren mit der Hand Informationen über Gegenstände und Materialien zu gewinnen und deren Beschaffenheit zuzuordnen;
- unterschiedliche Formen „tastend“ ohne Augenkontrolle zu erfühlen und damit auch Buchstaben und Zahlen zu unterscheiden und wiederzuerkennen;

- Informationen über Oberflächen (rau, glatt, stumpf, rissig) und über die Beschaffenheit (fest, weich, hart, nass, trocken) und über die Form (rund, kantig, eckig) von Materialien und Gegenständen zu gewinnen;
- mit Hilfe der Erfahrungen dabei ein genaues Bild von der Ausdehnung und den Grenzen des eignen Körpers zu entwickeln.

Die Familie der Sinne

Bedeutung für die Schule

Es ist wichtig, Hautberührungen und Hautdruck zu empfinden und damit die Stifthaltung und Druckausübung auf den Stift zu regulieren.

Weitere Beispiele zum Schulen der taktilen Wahrnehmung

- Kind A malt mit einem stumpfen Stift dem Partner B (der die Augen geschlossen hat) ein Dreieck, ein Viereck oder einen Kreis in die Handinnenfläche. Anschließend öffnet B die Augen und soll die gespürte Form auf einem Blatt erkennen und benennen.
- Mit einer Hand oder mit beiden Händen einen Tennis-, Gymnastik-, Igel- oder Jonglierball umfassen, etwas hin und her bewegen und die unterschiedliche Oberfläche fühlen. Andere Aufgabe: die unterschiedlichen Bälle nach der Größe ordnen.
- Im bequemen Stand schließt das Kind die Augen. Die Lehrkraft/Erzieherin berührt ein Körperteil des Kindes, z. B. das Kniegelenk. Das Kind soll anschließend versuchen, das Körperteil zu bewegen und zu benennen.

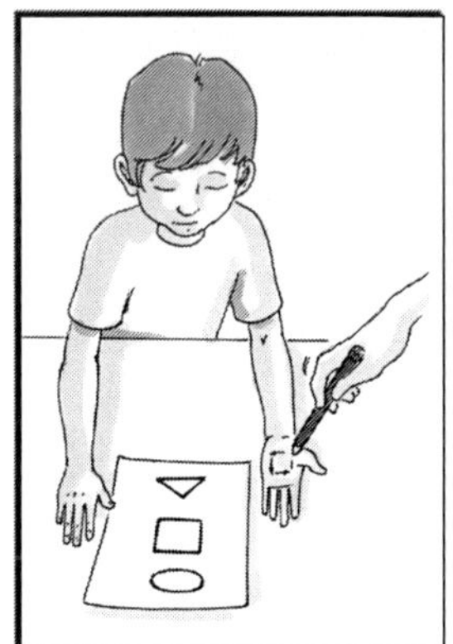

- „Fratzen“ machen: den Mund/die Lippen schmal oder breit gestalten, den Mund nach rechts oder links verschieben, die Stirn hochziehen usw.

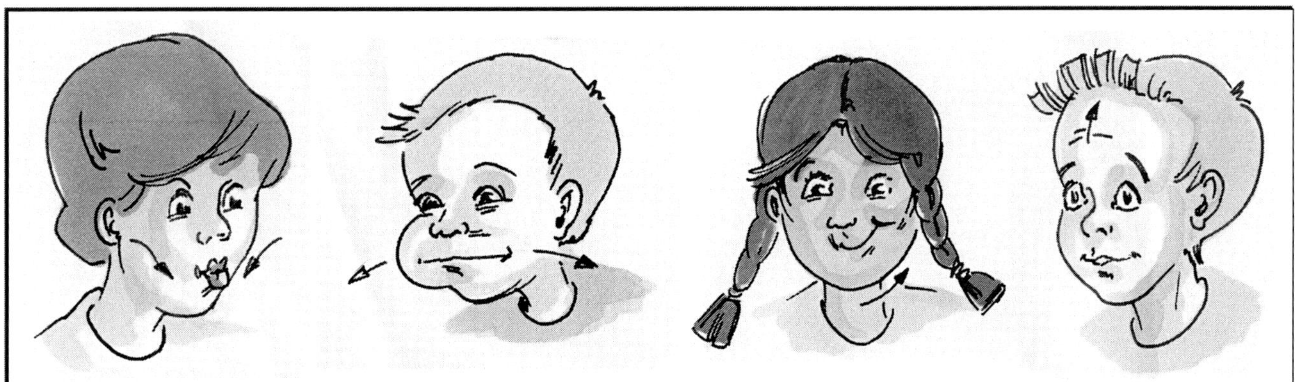

KOHL VERLAG
Bewegung schafft Grundlagen für Lesen & Schreiben – Bestell-Nr. 12 722

Die Familie der Sinne

Häufig lassen sich taktile und kinästhetische Wahrnehmung nicht genau voneinander trennen. Wenn sich ein Kind z. B. mit den Unterarmen auf der Kante des Sandkastens abstützt, spürt es einerseits die rauhe Fläche des Brettes, es erhält aber auch Informationen über die Gelenkstellungen und die Muskelanspannung der Arme.

Weitere Beispiele

- Zu zweit gegenüber: Mit fast gestrecktem Arm mit dem Partner eine Handfläche aneinanderlegen und mit der freien, anderen Hand eine Wäscheklammer mehrmals zusammendrücken. Auch gegengleich üben.
- Zu dritt: Die Kinder halten gemeinsam mit ihrem Rücken einen Reifen und gehen so langsam im Kreis herum, ohne dass der Reifen auf den Boden fällt. Auch mit der Bauchseite versuchen.
- Zwei Kinder klemmen einen Ball zwischen ihre Köpfe und bewegen sich langsam seitwärts, ohne dabei den Ball zu verlieren.
- Zwischen Rücken und Wand einen Ball einklemmen. Dabei sind die Beine leicht gebeugt und die Füße ca. zwei Fußlängen von der Wand entfernt. Langsam „wie ein Fahrstuhl“ die Knie bis zur Waagerechten der Oberschenkel beugen, einen Moment so bleiben und dann wieder strecken.

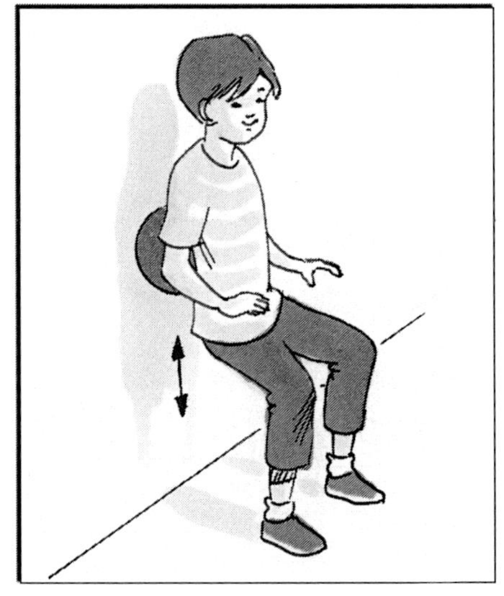

2.2 Gleichgewichtsinn = vestibuläre Wahrnehmung

- Die Rezeptoren befinden sich im Innenohr.
- Die Gleichgewichtswahrnehmung liefert dem Gehirn Informationen über Lage- und Haltungsveränderungen, aber auch über Dreh- und Fortbewegungen des Körpers.
- Der Gleichgewichtssinn sorgt für das Halten/Wiederherstellen des Gleichgewichts und für die Orientierung im umgebenden Raum.
- Er ermöglicht, das Gleichgewicht in verschiedenen Positionen (Einbeinstand) oder bei einer schnellen Drehung um sich selbst zu halten bzw. wieder herzustellen.

„Slalom fahren": Informationen über Lage- und Haltungsveränderungen wahrnehmen, sich orientieren und das Gleichgewicht halten bzw. wieder herstellen.

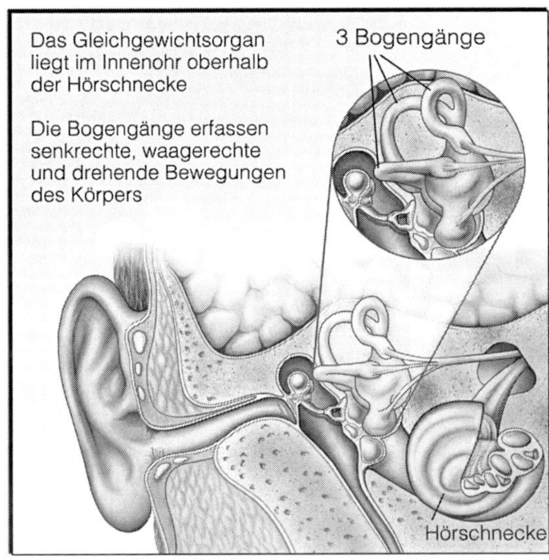

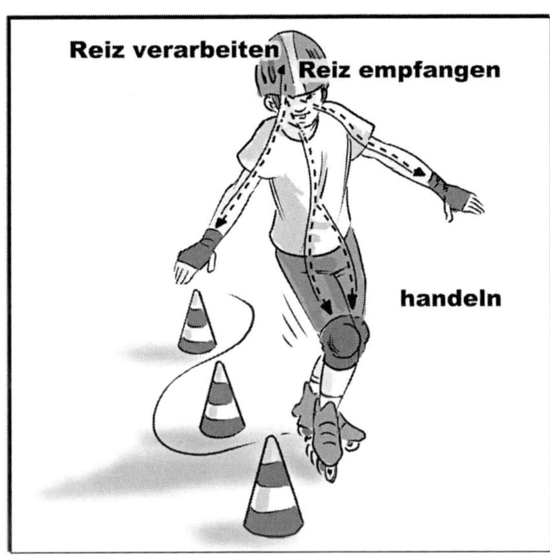

Eine gut entwickelte vestibuläre Wahrnehmung …

- sorgt für Haltungssicherheit in unterschiedlichen Situationen, z. B. beim Roller- und Fahrradfahren, beim Skaten, bei turnerischen Bewegungsabläufen wie Rolle vorwärts oder Grätsche über den Bock sowie bei spielerischen, „körperbetonten" Auseinandersetzungen;
- sorgt dafür, dass das Gleichgewicht erlangt und/oder wieder hergestellt wird.

Bedeutung für die Schule

- Die vestibuläre Wahrnehmung schafft die Voraussetzungen für das Schreiben, da der sichere Umgang mit Beschleunigungen und Richtungsänderungen geübt wird.
- Vestibuläre Angebote, in Form von Bewegungspausen im Unterricht, helfen den Schülern, aufmerksamer zu sein und sich besser konzentrieren zu können.

2 Die Familie der Sinne

Das vestibuläre System ist eng mit der kinästhetischen Wahrnehmung verknüpft. Gemeinsam sorgen sie für die Steuerung von Bewegung und Haltung. Viele Funktionen der vestibulären Wahrnehmung laufen unbewusst ab, deshalb wird die Bedeutung dieses Sinnessystems häufig auch unterschätzt.

Weitere Beispiele zur Schulung der vestibulären Wahrnehmung

- Einen Medizinball über Kopf halten und im Wechsel ein Knie fast bis zur Waagerechten anheben, ohne dabei aus dem Gleichgewicht zu geraten.
- Einen Stab senkrecht vor sich hinstellen und mit einer Hand halten:
  Dann loslassen, schnell eine ganze Drehung um sich selbst ausführen und wieder zufassen, bevor der Stab umfällt.
- Im Stand das Seil schulterbreit in Tiefhalte:
  Über das kurzgefasste Seil steigen, erst mit einem Fuß, dann mit dem anderen Fuß, vor- und rückwärts, ohne dabei aus dem Gleichgewicht zu geraten.
- Auf der Innenkante eines senkrecht gehaltenen Reifens (aus Holz) vorwärts balancieren, ohne dabei das Gleichgewicht zu verlieren.
- Einen Markierungskegel auf den Kopf drehen und ihn auf seiner Spitze balancieren. Zunächst mit der geübten Hand, später auch mit der ungeübten Hand.
- Zwei Schüler stehen sich auf einer Turnbank gegenüber und werfen sich einen Ball möglichst zielgenau zu.

2.3 Bewegungssinn = kinästhetische Wahrnehmung

- ➲ Die Rezeptoren liegen an den Sehnen, Muskeln und Gelenken.
- ➲ Die Rezeptoren reagieren auf Spannungsveränderungen der Muskulatur und auf Veränderungen der Gelenkstellungen.
- ➲ Die kinästhetische Wahrnehmung liefert dem Gehirn Informationen über die Stellung der einzelnen Glieder zueinander, über den Krafteinsatz der Muskulatur und über die Richtung sowie Geschwindigkeit der Bewegung der Gliedmaßen.

„Rechten Winkel bilden“: Spannungsveränderungen der Muskulatur und Veränderungen der Gelenkstellungen spüren.

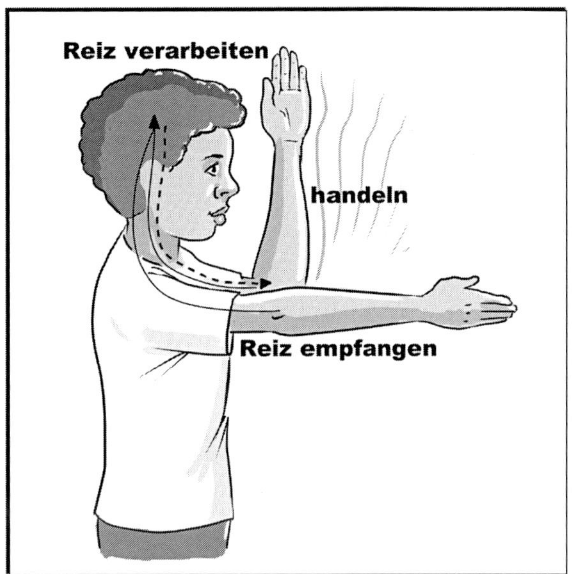

Kleinkinder nehmen alles in den Mund und erspüren dabei über ihre taktil-kinästhetische Wahrnehmung die Beschaffenheit, die räumliche Ausdehnung und die Form von Gegenständen.

Eine gut entwickelte kinästhetische Wahrnehmung ...

- ist zum Beispiel Voraussetzung für die Lautbildung: um Laute richtig artikulieren zu können, muss das Kind genaue Informationen über die Muskelspannung im Mundbereich erhalten;
- sorgt dafür, Mund- und Zungenbewegungen zu steuern und zu kontrollieren (feinmotorische Koordination der Sprechmuskulatur);
- sorgt außerdem dafür, dass die Buchstabengestalten flüssig ausgeführt, gespeichert und wieder abgerufen werden können;
- trägt in Zusammenarbeit mit dem taktilen und vestibulären Sinnessystem zur Entwicklung des Körperschemas bei.

Bedeutung für die Schule

- Die kinästhetische Wahrnehmung koordiniert die Stellung und korrekte Haltung von Hand, Arm, Rumpf und Auge zum Heft und zur Bewegungsrichtung beim Schreiben.
- Um einen entsprechenden Laut zu bilden, muss das kinästhetische Muster jeden Lautes sich im Gedächtnis einprägen und bewusst abrufbar sein. Dazu ist eine gut funktionierende Mundmotorik von wesentlicher Bedeutung.
- Um einen Buchstaben lesen zu können, muss eine Verknüpfung des visuell wahrgenommenen Buchstabens mit dem entsprechenden kinästhetischen Lautbild stattgefunden haben.[2]

[2] Barth, K.-H.: Lernschwächen früh erkennen – im Vorschul- und Grundschulalter, S. 117f

2 Die Familie der Sinne

Weitere Beispiele zum Schulen der kinästhetischen Wahrnehmung

- Die Fingerkuppen beider Hände locker aneinanderlegen, sodass zwischen den Fingern eine ovale Öffnung entsteht (Zelt oder Iglu). Nun die Finger strecken und den Druck auf die Fingerkuppen verstärken, sodass dadurch ein „Spitzdach“ entsteht. Einen Moment diese Position halten, dann lösen und wieder in die „Zeltstellung“ zurückkommen. Den Wechsel der Spannung und der Form deutlich „nachspüren“.
- Einen Ball so gegen die Wand werfen, dass er anschließend in einen davor stehenden Papierkorb fällt.
- Zu zweit gegenüber: die Handflächen aneinanderlegen, dabei leichten Druck aufbauen. Diese Position halten und den Druck noch etwas verstärken, wieder einen Moment so bleiben und dann lösen und nachspüren.
- Einen Ball so dosiert rollen, dass er in einem ca. 3-5 m entfernten Reifen liegenbleibt.
- Gewicht und Muskeleinsatz spüren: die Schultasche anheben und auf das Pult setzen.
- Zu zweit mit Abstand nebeneinander: A wirft den Ball schräg nach oben mit entsprechendem Krafteinsatz gegen die Wand, sodass Partner B ihn fangen kann. Danach wirft B den Ball ebenso zurück.

Man darf nicht vergessen …

Hinter jedem Buchstaben, jeder Zahl steht Bewegung. Zahlen und Buchstaben haben eine Form, die über die kinästhetische Wahrnehmung „gefühlt/gespürt“ und im Gehirn gespeichert/verankert wird, damit sie später durch die Schreibbewegung abgerufen und wieder ausgeführt werden kann.

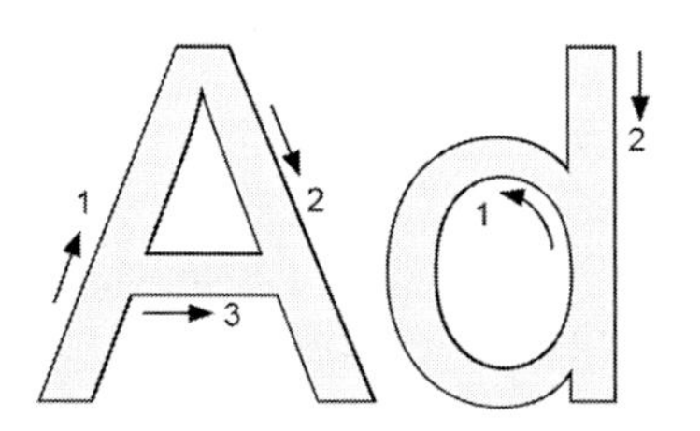

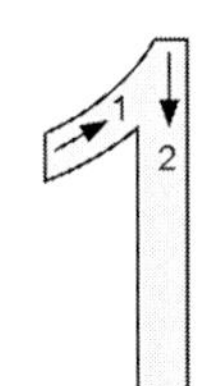

Mit Hilfe der taktil-kinästhetischen Wahrnehmung wird die Buchstabengestalt im Bewegungsgedächtnis (motorisches Gedächtnis) gespeichert und kann wieder abgerufen werden.

2.4 Sehsinn = visuelle Wahrnehmung

- ➲ Unter einer visuellen Wahrnehmung versteht man die Aufnahme optischer Reize und die Fähigkeit, sie zu unterscheiden, einzuordnen, zu deuten und eventuell mit früher gemachten Erfahrungen zu vergleichen, um dann entsprechend zweckmäßig darauf zu reagieren. Voraussetzung dafür ist immer eine intakte Sehfähigkeit.
- ➲ Im alltäglichen Leben wird die visuelle Wahrnehmung (Sehsinn) am häufigsten genutzt.
- ➲ Bevor die Lichtstrahlen auf die Netzhaut übertragen werden können, müssen sie zunächst die Linse und danach den Glaskörper (damit ist der Augapfel gefüllt) durchdringen.
- ➲ Über die auf der Netzhaut befindlichen, lichtempfindlichen Rezeptoren (Stäbchen und Zapfen) werden Helligkeit und Farben aufgenommen.
- ➲ Alle Informationen, die über die Augen eingehen, werden über die Sehnerven zum Gehirn weitergeleitet.
- ➲ Je nach Lichtintensität verändert sich die Pupille (der schwarze kreisförmige Teil des Auges) mit verengender oder erweiternder Reaktion, um die lichtempfindliche Netzhaut zu schützen.

Bei „grün“ über die Straße gehen: Informationen über Farben und/oder Farbsymbole aufnehmen und umsetzen.

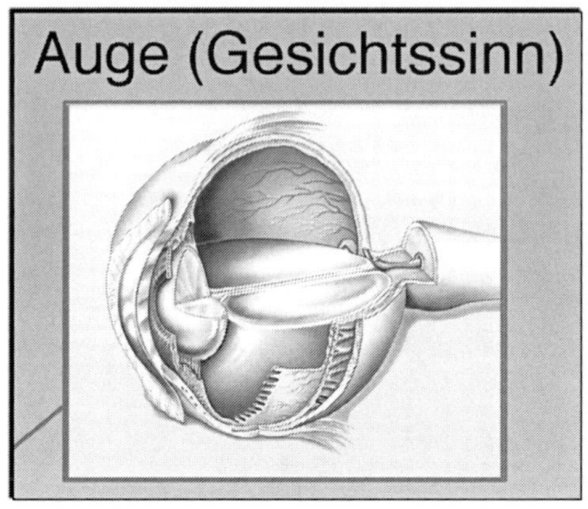

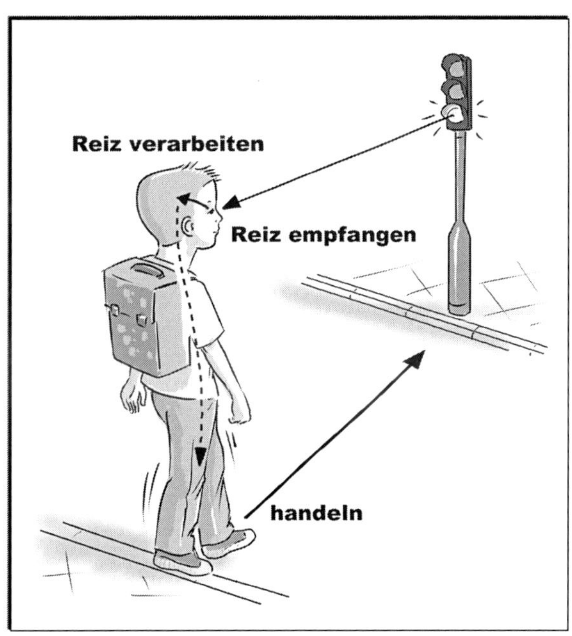

Durch die visuelle Wahrnehmung wird es u. a. möglich, ...

- Hindernisse im Alltag und bei sportlichen Aufgaben im Sportunterricht zu erkennen und einzuschätzen, um darauf entsprechend reagieren zu können;
- Informationen über die Umgebung und über Objekte, die sich bewegen, zu erhalten;
- Buchstaben und Zahlen wiederzuerkennen;
- die Wechselbeziehung zwischen Auge und Hand zu koordinieren: die Auge-Hand-Koordination ist bei allen schreibmotorischen Aktivitäten besonders wichtig;
- Auge-Hand-Bewegungen zu steuern und zu koordinieren, zum Beispiel beim Prellen eines Balles auf den Boden mit anschließendem Fangen;
- Farben oder Farbsymbole zu erkennen und zu unterscheiden, zum Beispiel bestimmte Verkehrszeichen, Rücklichter von Fahrzeugen und Ampeln im Verkehr sowie Spielfeldmarkierungen im Sportunterricht.

2 Die Familie der Sinne

Bedeutung für die Schule

- Der Sehsinn ermöglicht die visuelle Ausdifferenzierung der Buchstaben. Durch den Sehsinn wird es zum Beispiel möglich, bei allen schreibmotorischen Aktivitäten Auge und Hand zu koordinieren.
- Das Sehvermögen ist eng mit der Entwicklung der vestibulären und kinästhetischen Wahrnehmung verbunden. Erst wenn das Kind in der Lage ist, mithilfe der beteiligten Muskulatur Kopf und Rumpf aufrecht zu halten und im Gleichgewicht zu bleiben, wird es möglich, die Augen bewusst auf einen Gegenstand zu richten und damit „scharf" zu sehen.

Weitere Beispiele zum Schulen der visuellen Wahrnehmung

- unterschiedliche Bälle nach Größe sortieren, z. B. Tischtennisball, Schlagball, Tennisball, Igelball, Softball und Gymnastikball;
- mit Büchern, Stiften, Ranzen und Holzklötzen eine S-förmige Bahn markieren. Das übende Kind versucht mit einem Lineal einen Tennis- oder Tischtennisball so zu steuern, dass er möglichst nicht die Umrandungen berührt;
- einen Luftballon möglichst mehrere Male hintereinander in die Luft hochspielen, ähnlich wie beim Volleyball;
- einen Tennisball mit einer Hand auf den Boden prellen und anschließend mit einem in der anderen Hand befindlichen Joghurtbecher auffangen;
- zu zweit gegenüber: mit einem gefassten Handtuch einen Soft- oder Gymnastikball mehrmals hochspielen und immer wieder auffangen;
- einen Ball aus ca. 2-3 m Entfernung in einen Papierkorb (kleinen Kasten) werfen

2.5 Gehörsinn = auditive Wahrnehmung

- Ein gut funktionierendes Gehör bildet die grundlegende Voraussetzung für die Entwicklung von Sprache und Schriftsprache.
- Das auditive Sinnessystem nimmt ständig akustische Reize aus dem Umfeld auf. Allerdings ist das Gehör den äußeren Einflüssen ungeschützt ausgesetzt und so kann es zu einer Überschwemmung von Reizen kommen.
- Über das auditive Sinnessystem werden Art, Lautstärke und Herkunftsort von akustischen Reizen erkannt.
- Die akustischen Reize werden verarbeitet, d. h. gespeichert, ausgewählt, eingeordnet und differenziert.
- Der Gehörsinn sorgt dafür, dass wir Töne, Klänge und Geräusche wahrnehmen können.

Der Gehörsinn ist eng mit dem vestibulären System verbunden, d. h. bei Kindern mit Gleichgewichtsstörungen kann man oft auch Sprachprobleme beobachten. Umgekehrt kann über das Schulen der Gleichgewichtsfähigkeit häufig eine verbesserte auditive Wahrnehmung erreicht werden.

„Schreiben“:
sprachliche Anweisungen aufnehmen und umsetzen.

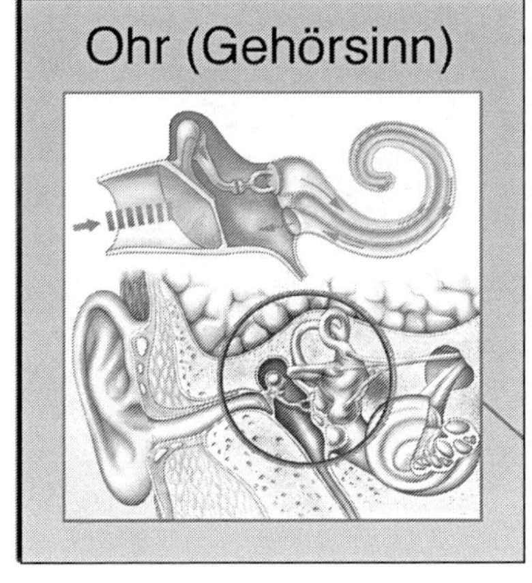

Durch den Gehörsinn wird es möglich, …

- akustische Reize zu unterscheiden, zu lokalisieren (Richtungshören) und sie zu deuten, z. B. beim Spielen Zurufe der Person richtig einzuordnen;
- Entfernungen und Richtungen von Schallquellen einzuordnen, z. B. Lautstärken im Straßenverkehr zu unterscheiden und damit Abstände richtig einzuschätzen;
- sprachliche Anweisungen aufzunehmen und mit motorischen Handlungen zu beantworten, z. B.: „Nehmt euer Lesebuch aus der Schultasche und schlagt Seite 32 auf!“;
- wichtige und unwichtige Zeichen zu unterscheiden;
- die Reihenfolge akustischer Zeichen wahrzunehmen und auch einzuhalten, z. B. einen Klatschrhythmus oder die Reihenfolge von Lauten/Worten aufzunehmen, zu wiederholen und ins Heft zu schreiben.

2 Die Familie der Sinne

Bedeutung für die Schule

Wichtige von unwichtigen akustischen Informationen (Signalen) zu unterscheiden und dadurch wahrzunehmen, was gerade im Unterricht von besonderer Bedeutung ist.

Weitere Beispiele zum Schulen der auditiven Wahrnehmung

- Alle Kinder gehen beliebig durch den Raum. Auf verschiedene Handklatsch-Signale der Lehrerin nehmen sie eine bestimmte Position ein, z. B.: einmal klatschen = Einbeinstand; zweimal klatschen = in die Hocke gehen; dreimal klatschen = auf den Stuhl setzen usw.
- Alle Kinder gehen beliebig durch den Raum. Auf Ansage der Lehrerin, z. B. „rechte Hand", muss schnell das genannte Körperteil auf die Sitzfläche eines Stuhls geführt werden.
- Sitzkreis mit geschlossenen Augen: Die Lehrerin lässt unterschiedliche Bälle (Gymnastikball, Tennisball, Volleyball, Fußball, Tischtennisball) auf dem Boden aufprallen und fängt sie danach sofort wieder auf. Die Kinder sollen am Geräusch den Ball erkennen.

Zusammenarbeit der Sinne

► Visuelle und taktil-kinästhetische Informationen – formgerechtes Schreiben

Die „Familie der Sinne“ besteht aus sieben Sinnen, die immer eng zusammenarbeiten. Jeder Sinn liefert dem Gehirn spezielle Informationen. Erst durch das Zusammenspiel der verschiedenen Sinne wird es möglich, sich in der Umwelt zu orientieren und Handlungen plan- und zweckmäßig durchzuführen.

Beispiel: Walnuss knacken

- Will man eine Walnuss knacken, so wird über den **Sehsinn** die Farbe und die Form der Nuss wahrgenommen.
- Der **Bewegungssinn** ermöglicht es, mit der Arm-, Hand- und Fingermuskulatur die Nuss in die Hand zu nehmen.
- Mit dem **Tastsinn (= Hautsinn)** der linken Hand wird die stumpfe und schrumpelige Oberfläche der Nuss gespürt; die Rezeptoren der rechten Hand fühlen das glatte und kalte Metall des Nussknackers.
- Soll die Nuss nun geknackt werden, wird über den **Bewegungssinn** Druck auf den Nussknacker ausgeübt, der **Sehsinn** kontrolliert begleitend den Bewegungsablauf, gleichzeitig nimmt der **Gehörsinn** ein knackendes Geräusch wahr.
- Danach tritt der **Riechsinn** in Aktion und nimmt den Geruch der geknackten Nuss wahr.
- Anschließend wird nun wieder der **Bewegungssinn** aktiv, indem ein Stück Nuss mit der Hand/den Fingern aufgenommen und in den Mund geführt wird, gleichzeitig nimmt der **Tastsinn** (und der **Bewegungssinn** über Fingerkrümmung und -abstand) die Form und Beschaffenheit des Nussstückes wahr.
- Jetzt empfindet der **Geschmackssinn** die Würzigkeit der Nuss. Beim Verzehr der Nuss tritt nochmals der **Bewegungssinn** in Aktion, der die Kaumuskulatur in Bewegung setzt.

Das Beispiel „Walnuss knacken“ macht deutlich, dass selbst bei alltäglichen Bewegungshandlungen immer mehrere Sinne beteiligt sind, wenn auch mit unterschiedlichen Anteilen.

Gut koordinieren – mehrere Sinne arbeiten zusammen

Auch „einfache“ Aufgaben (siehe Abbildungen) gelingen nur, wenn mehrere Sinne (Sehsinn, Tastsinn (= Hautsinn), Gleichgewichtssinn und Bewegungssinn) zusammenarbeiten. Bei allen drei Aufgaben (Linie, Zick-Zack, ausmalen) gilt: Innerhalb der Begrenzungen bleiben und nicht über die Ränder hinausmalen.

KOHL VERLAG Bewegung schafft Grundlagen für Lesen & Schreiben – Bestell-Nr. 12 722

3 Zusammenarbeit der Sinne

Die Fertigkeiten des Lesens und Schreibens bestehen aus einem komplexen Netzwerk von Auge, Ohr, Gleichgewichtssinn, Tiefensensibilität und Tastsinn (= Hautsinn) als Eingangskanäle und als Rückmelder.

Wenn ein einziger Baustein ausfällt oder Schwächen aufweist, wird das ganze System beeinträchtigt.

Komplexe Handlungen, wie z. B. Lesen und Schreiben, erfordern jedoch das richtige Verarbeiten und Verbinden der Sinneswahrnehmungen.[1] Grundsätzlich kann ein Kind nur dann gut und formgerecht schreiben, wenn es ihm gelingt, den Stift festzuhalten und trotzdem im Handgelenk locker zu bleiben, d. h.:

Eine lockere Finger- und Handmotorik bilden die Voraussetzungen für die Stifthaltung und die Einhaltung der vorgegebenen Linien beim Schreiben.

Formgerechtes Schreiben baut auf einer gelungenen Auge-Hand-Koordination auf:

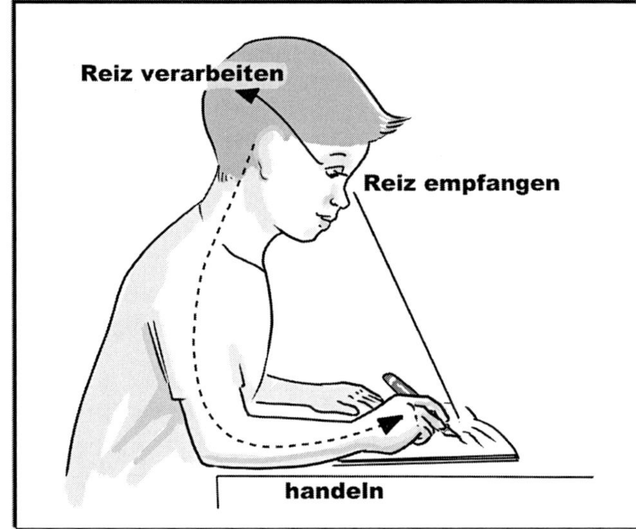

An einem gut koordinierten Bewegungsablauf sind immer taktil-kinästhetische, vestibuläre und visuelle Informationen beteiligt:

- Die Augen verfolgen (kontrollieren) die Bewegung der Hand (die Führung des Stiftes). Augen- und Handbewegung müssen koordiniert werden – der Sehsinn, der Tastsinn und der Bewegungssinn arbeiten sinnvoll miteinander.
- Die kinästhetische Wahrnehmung ermöglicht die Stellung und korrekte Haltung von Hand, Arm, Rumpf und Auge zum Heft und zur Bewegungsrichtung.
- Gemeinsam mit der taktilen Wahrnehmung wird die Kraftdosierung und die Druckempfindlichkeit der Stifthaltung und des Schreibens kontrolliert.

Visuelle – kinästhetische – taktile – vestibuläre Wahrnehmung

[1] Ayres, J. (1984) Bausteine kindlicher Entwicklung

3 Zusammenarbeit der Sinne

Es gilt als sicher, dass im Alltag und in der Schule Informationen immer gleichzeitig über mehrere Sinneskanäle gewonnen werden. Die einzelnen Wahrnehmungssysteme arbeiten mit unterschiedlichen Anteilen zusammen, um eine angestrebte Bewegungshandlung zweckmäßig auszuführen. Man kann davon ausgehen, dass die meisten Kinder mit insgesamt guten Fähigkeiten zur Verarbeitung der einlaufenden „sinnlichen Informationen" ausgestattet sind, jedoch **Unterschiede bei den „individuellen Erfahrungen"** bestehen.

Es ist wichtig, dass Vorschul- und Grundschulkinder durch vielfältige Bewegungsaktivtäten ihre Wahrnehmungssysteme schulen und weiterentwickeln.

In der aktiven Auseinandersetzung mit Materialien, mit anderen Kindern und mit sich selbst (nicht beim Sitzen vor dem Computer und im Umgang mit dem Handy), machen Kinder ständig neue Bewegungserfahrungen. Es werden Anpassungsreaktionen in Gang gesetzt, das Gehirn kann sich weiterentwickeln. Eltern, Erzieherinnen, Lehrerinnen und andere pädagogische Fachkräfte sollten sich dies immer vor Augen halten: Wenn Kinder hüpfen, springen, balancieren, sich drehen, schaukeln, hängen, schwingen, „kippeln", rutschen, wippen, stützen etc., setzen sie sich „bewegend" mit ihrer Umwelt auseinander. Sie sprechen also ihre Sinne insgesamt, insbesondere ihre Basissinne (Tast-, Bewegungs- und Gleichgewichtssinn), an.

Körperliche Aktivitäten in vielfältiger Form sind für die Entwicklung und das Zusammenspiel der Sinne von großer Bedeutung.

Wir brauchen Bewegungen, um unsere Gedanken zu ankern und die Fähigkeiten auszubilden, mit denen wir unser Leben lang unser Wissen und unsere Erkenntnisse direkt zum Ausdruck bringen. Wie abstrakt unser Denken auch scheinen mag, es kann letztlich nur durch den Einsatz unserer Muskeln offenbar werden – durch Sprechen, Schreiben, Musizieren, Rechnen und so weiter. Unser Körper redet, fokussiert beim Lesen die Augen auf die Buchseite, hält beim Schreiben den Stift oder spielt ein Musikinstrument ...[2] Durch Bewegung werden neuronale Netzwerke mit Bewegungsmustern entwickelt und geschaffen, auf die man immer wieder zurückgreifen kann. Es wird eine Art „**Enzyklopädie der Aktionen**" geschaffen.[3] Die folgenden beispielhaften Übungen verdeutlichen die Zusammenarbeit der Wahrnehmungssysteme mit unterschiedlichen Anteilen – je nach Übung.

[2] Hannaford, C.: Bewegung – das Tor zum Lernen, S. 11

[3] Hannaford, C.: Bewegung – das Tor zum Lernen, S. 143

KOHL VERLAG Bewegung schafft Grundlagen für Lesen & Schreiben – Bestell-Nr. 12 722

4 Wahrnehmung: Antennen, Rezeptoren, Leitungen

► „Durch ein verschmutztes Fenster kann man schlecht sehen."

Schwache und gestörte Wahrnehmung kann zu Fehldeutungen führen.

Gegenstände oder Lebewesen „draußen vor dem Fenster" werden nur schemenhaft erkannt: So muss man sich eine schwache oder gestörte Wahrnehmung vorstellen. Lebewesen können wahrnehmen und empfinden. Wichtig hierbei ist, dass die „Antennen" und „Leitungen", die für die Wahrnehmung zuständig sind, auch voll leistungsfähig sind.

Wenn unsere taktile Wahrnehmung nicht rechtzeitig vor der heißen Herdplatte warnt, kann es vorkommen, dass man sich verbrennt.

Unter Wahrnehmung versteht man das bewusste Erfassen unserer Außen- und Innenwelt. Dafür benötigt man intakte und voll entwickelte Sinnesorgane.

Die meisten Kinder haben auch heute noch eine „Antenne" für alles, was ihre Sinne elementar anspricht. So kann z. B. der Unterricht noch so interessant sein, wenn vor dem Fenster ein großer Vogel vorbeifliegt, schauen viele Kinder zuerst einmal dort hin und verfolgen den Flug des Habichts oder Graureihers. Das ist ein eher normales und positives Verhalten und kein negativ belastetes („Der lässt sich aber leicht ablenken." – „Es sind Kinder." – „Sie sind neugierig." etc.)

Damit ein Sinnesssystem reagieren kann, müssen zunächst einmal die Reize aufgenommen werden. Die Aufnahme von Reizen erfolgt durch Sinneszellen – die sogenannten Rezeptoren.

Beispiel: Hautsinn = taktile Wahrnehmung

– Die Rezeptoren sind auf der Haut unterschiedlich dicht verteilt und reagieren auf Berührung, Temperatur, Druck, Vibration, Schmerz und Zug;
– Pro Quadratzentimeter Haut können sich zwischen 7 und 135 Rezeptoren befinden;
– Fingerkuppen, Handteller, Fußsohlen und Lippen weisen eine hohe Dichte auf, Oberarm, Oberschenkel und Rücken eine wesentlich geringere Dichte.

Rezeptoren sind Empfangseinrichtungen (spezialisierte Sinnesorgane), die auf ganz bestimmte Reize ansprechen. Diese Reize werden in Form von Nervenimpulsen auf den sogenannten hinführenden (afferenten) Nervenbahnen zum Gehirn weitergeleitet. Dort findet dann die eigentliche Verarbeitung statt:

- Alle Informationen, die über die Sinne hereinkommen, werden zum Gehirn weitergeleitet und verarbeitet;
- Die aktuell einlaufenden Impulse werden dort mit dem bisher Wahrgenommenen verglichen. Dieses Vergleichen ist wichtig, nur so können Dinge wiedererkannt und eingeordnet werden;
- So ist es auch zu erklären, dass nach Jahren eine Person wiedererkannt wird, obwohl sich das Gesicht dieser Person (mehr oder weniger) altersgemäß verändert hat;
- Wahrnehmen schließt auch immer das Ordnen und Zuordnen von Informationen mit ein;
- Neue Informationen, die noch nicht zugeordnet werden können, werden als Grundlage für die weitere Verarbeitung gespeichert;

Wahrnehmung: Antennen, Rezeptoren, Leitungen

Daraus kann man folgern, dass im Unterricht oder in der Freizeit im Körper und natürlich im Kopf viele Informationen und Botschaften hin und her geschickt werden, um sich zurechtzufinden oder ganz bestimmte Aufgaben zu erfüllen.

Ein Kind versucht den vom Partner geworfenen Ball zu fangen. Ein einfacher Vorgang? Welche Botschaften/Informationen flitzen hin und her?

- Zuerst nimmt die Netzhaut des Auges das Bild des heranfliegenden Balles auf. Über den Sehnerv wird dies an das Gehirn weitergeleitet;
- Das Gehirn wertet aus, d. h. es ruft gespeicherte Informationen über die Ballgröße, Ballbeschaffenheit und Geschwindigkeit des Balles ab;
- Es kommt zu dem Entschluss den Ball zu fangen. Dazu müssen aber ganz bestimmte Muskeln in Armen, Händen und evtl. auch in den Beinen (richtige Stellung zum Ball) entsprechende Befehle erhalten (Arm- und Handhaltung, Beinstellung, Ganzkörperverhalten usw.).
- Die entsprechenden Befehle werden im Gehirn gebildet und über die Nervenbahnen zu den Muskeln geleitet, um damit die motorische Aktion „Ball fangen“ einzuleiten.

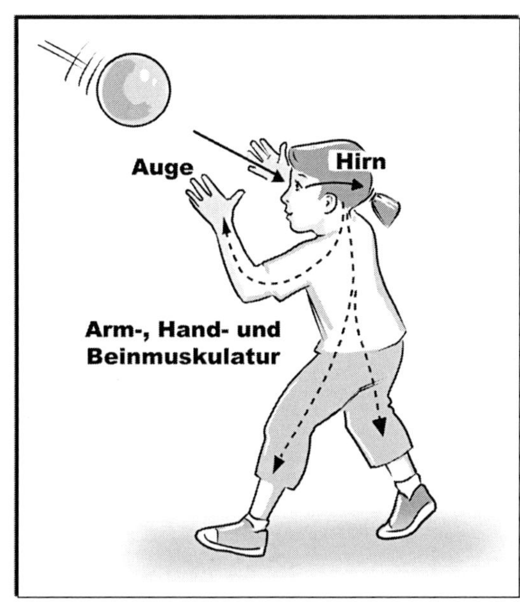

Dieses Beispiel macht deutlich, dass das Fangen nur dann gelingt, wenn das Kind auf vielfältige Bewegungserfahrungen zurückgreifen kann, also oft und immer wieder mit Bällen „umgegangen“ ist (Schatz an Bewegungserfahrungen).

„Umgang mit dem Ball“ – vielfältige Ballerfahrungen sammeln

Bedeutsame Sinnesreize herausfiltern

Im Kindergarten und insbesondere in der Schule ist es von großer Bedeutung, Sinnesreize differenziert wahrzunehmen. Das Kind sollte sich, trotz einer gewissen Geräuschkulisse in einer Klasse, auf die Stimme der Lehrkraft einstimmen und konzentrieren können, um aus dem Stimmengewirr das Wesentliche für sich herauszufiltern und dem Unterricht zu folgen, z. B.

- um einen gesprochenen Satz richtig hörend aufzunehmen und ihn anschließend in das Heft zu schreiben;
- um einen entsprechenden Hinweis zur Bearbeitung des Textes zu verstehen und umzusetzen.

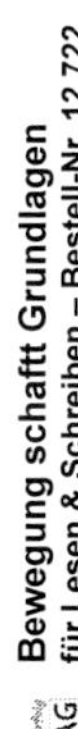
Bewegung schafft Grundlagen
für Lesen & Schreiben – Bestell-Nr. 12 722
KOHL VERLAG

5 Körperbewusstsein – Körperschema – Händigkeit – Seitigkeit

► Körpergrenzen/-ausdehnung – Rechts-links-Unterscheidung

Vielfältige taktil-kinästhetische und vestibuläre Bewegungserfahrungen bilden die Grundlage für das *Körperbewusstsein* des Kindes. Bewegungsanreize in unterschiedlichen Situationen zum Erleben des eigenen Körpers haben das Ziel, sich und seinen eigenen Körper immer besser wahrzunehmen und die als *Körperschema* bezeichnete innere Vorstellung des Körpers insgesamt und die einzelner Körperteile bewusst zu erschließen. Das betrifft jeweils die Ausmaße, Lage und Bewegungsmöglichkeiten.

Je mehr solche *propriozeptive* Erfahrungen der Schüler über Bewegung macht, desto besser wird die Orientierung am eigenen Körper unterstützt. Das Bewusstsein der rechten und linken Körperhälfte, die Unterscheidung und das Einhalten von Arbeitsrichtungen, die Orientierung im (positiven und negativen) Zahlenraum werden ebenso davon profitieren wie die Schreibrichtung und die Raumlage von Buchstaben.[1]

- Durch Bewegung nimmt das Kind seinen Körper wahr und lernt dabei seine Körpergrenzen kennen.
- Das Gefühl für Raumrichtungen wie unten-oben, vorn-hinten, links-rechts sowie für Höhe, Tiefe und Breite wird angelegt.
- Bei jeder Bewegung wird das Körperschema aktualisiert. Durch vielfältige Bewegungserfahrungen wird das Bild unseres Körpers und seiner Bewegungsmöglichkeiten im Gehirn immer exakter.

Wenn zum Beispiel ein Kind bei der Schulanmeldung aufgefordert wird, sich selbst, Mama oder Papa zu malen, und dann sogenannte „Kopffüßler" malt, so lässt das Ergebnis Folgerungen auf die Entwicklung des Körperschemas zu.

Durch die Entwicklung des Körperschemas wird es möglich, …
- Körperausdehnung und -grenzen wahrzunehmen und dadurch entsprechende Abstände einzuhalten, zum Beispiel beim Radfahren im Straßenverkehr, beim Spielen mit anderen Kindern, aber auch beim Schreiben (Abstand zwischen Kopf und Heft);
- die einzelnen Teile des menschlichen Körpers und deren Aufgaben kennenzulernen und damit überhaupt erst zielgerichtete Bewegungshandlungen zu ermöglichen.

[1] Beigel, D.: Beweg dich, Schule!, S. 25

5 Körperbewusstsein – Körperschema – Händigkeit – Seitigkeit

Voraussetzungen dafür sind das richtige Umgehen mit den Körperseiten, die Rechts-links-Unterscheidung und das Kreuzen der Mittellinie. Hierzu einige Übungen:

Körperteile kennen und anwenden:
Die Lehrkraft unterstützt durch rhythmisches Klatschen das Gehen der Kinder um die Stühle herum. Die Lehrkraft nennt dann ein Körperteil, z. B. „rechte Hand“, worauf jedes Kind mit dem genannten Körperteil die Sitzfläche eines Stuhls berührt. Einen Moment so bleiben, dann wieder um den Stuhl herumgehen und auf das nächste Signal reagieren.

Richtige Position erkennen und anwenden:
Auf Ansage der Lehrkraft soll sich das Kind vor, hinter, rechts oder links neben einen Stuhl stellen.
Variation: Auf Zuruf der Lehrkraft soll das Kind einen Ball vor, hinter, rechts oder links neben einen Stuhl legen.

NEBEN
HINTEN
NEBEN
VORN

Körperteile kennen und anwenden:
Ein Kind oder die Lehrkraft steht vor der Klasse und winkt mit der rechten Hand, steht auf dem rechten Bein, kreist mit dem linken Fuß, schüttelt den Kopf oder/und kreist mit dem linken Arm. Alle Kinder versuchen es dem Vorbild nachzumachen.

Rechts-links-Unterscheidung:
Stütze dich mit der linken Hand am Pult ab und prelle mit der rechten Hand einen Ball.

Kreuzen der Mittellinie (im Stand):
- Mit einem Arm und ausgestreckter Hand eine „liegende Acht“ (von der Mitte nach links oben beginnend) vor dem Körper in die Luft malen. Die Augen verfolgen diese Bewegung ständig, der Kopf bleibt dabei unverändert.
- Der rechte Fuß überkreuzt vorn den linken Fuß, gleichzeitig werden die Arme vor der Brust über Kreuz auf den Schultern abgelegt. Anschließend in die Ausgangsstellung zurückkommen. Danach überkreuzt der linke Fuß den rechten und die Arme werden wie vorher zu den Schultern geführt.
  Variation: Beim zweiten Mal die Arme mit dem anderen Arm oben liegend kreuzen.

Paarklatschen:
Zwei Kinder stehen sich gegenüber und führen kleine Sprünge auf der Stelle aus. Beim ersten Hüpfer klatschen sie in die eigenen Hände, beim zweiten Hüpfer klatschen sie überkreuz „rechts zu rechts“ in die Hand des Partners, beim dritten Hüpfer klatschen sie wieder in die eigenen Hände, beim vierten Hüpfer überkreuz „links zu links“ in die Hand des Partners usw.

5 Körperbewusstsein – Körperschema – Händigkeit – Seitigkeit

Weiterhin ist die Entwicklung des Körperschemas eng damit verbunden, den eigenen Körper wahrzunehmen und sich daran zu orientieren. Man denke hierbei etwa an Bewegungsabläufe, bei denen nur Teile des Körpers eingesetzt werden.

<u>Beispiele</u>: Schreiben, An-/Ausziehen der Schuhe oder Prellen eines Balles auf den Boden.

Die Entwicklung der Händigkeit und Seitigkeit

Mit Händigkeit wird die bevorzugte Hand bzw. Körperseite des Kindes bei Tätigkeiten bezeichnet. Wenn man ein Kind beobachtet, kann man feststellen, dass bei recht unterschiedlichen Aktivitäten eine Hand bevorzugt wird.

<u>Beispiele</u>: Rollen eines Balles, Zuwerfen und Fangen eines Ringes, Zähneputzen, Ausschneiden von Figuren etc.

Die Seitigkeit entwickelt sich über gleichzeitige Bewegungen mit beiden Händen und Füßen, das Überkreuzen der Mittellinie bis hin zur Entwicklung der „starken Seite“ und zur Unterscheidung von rechts und links. Die Entwicklung der Seitigkeit ist eng verknüpft mit der Schulung des Gleichgewichts und des Körperschemas.

In dem Moment, wo sich das Empfinden und die Bevorzugung einer/der stärkeren Seite festigt, kommt es zu einer Asymmetrie im Körperschema.

- Einerseits führt dies auch zur Handdominanz, die das Schreibenlernen erleichtert.
- Andererseits sollten jetzt auch weiterhin symmetrische Übungen wie z. B. das Paarklatschen (siehe Seite 29) ausgeführt werden, auch als Ausgleich zwischen den Gehirn- und Körperhälften, die jetzt insbesondere beim Schreiben auf ganz neue Art gefordert werden.

5 Körperbewusstsein – Körperschema – Händigkeit – Seitigkeit

Durch die Entwicklung und Schulung der Seitigkeit wird es möglich, dass bei Bewegungshandlungen beide Köperseiten sinnvoll zusammenarbeiten, um …

- ein Blatt in zwei gleich große Hälften zu falten;
- aus Knetmaterial eine Figur mit beiden Händen zu formen;
- einen Ball hochzuwerfen und zu fangen;

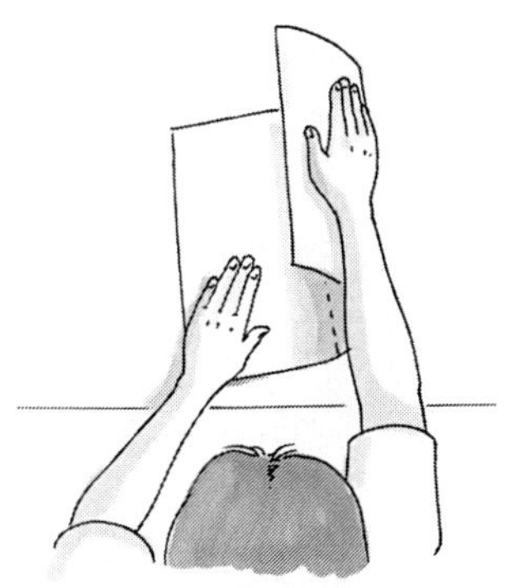

- mit einer Hand ein Lineal senkrecht auf dem Tisch festzuhalten und mit der anderen Hand einen Tennisball um „diesen Turm" herumzuführen/herumzurollen;
- Überkreuzbewegungen auszuführen, die das Kind zum Beispiel beim Federballspiel mit einem Kurzschläger ausführen muss.

Beim Schreiben von Buchstaben sind Überkreuzbewegungen von großer Bedeutung.

Beispiele:

- Mit beiden Händen Luftbilder wie die Sonne, eine Wolke, einen Baum oder ein Haus malen.
- Eine Linie oder ausgelegtes Seil im Scherenschritt vorwärts überkreuzen.
- Eine schräge Linie (Diagonale) von links unten nach rechts oben (mit starkem Druck auf den Stift) und danach eine schräge Linie von links oben nach rechts unten (mit wenig Druck auf den Stift) ausführen.

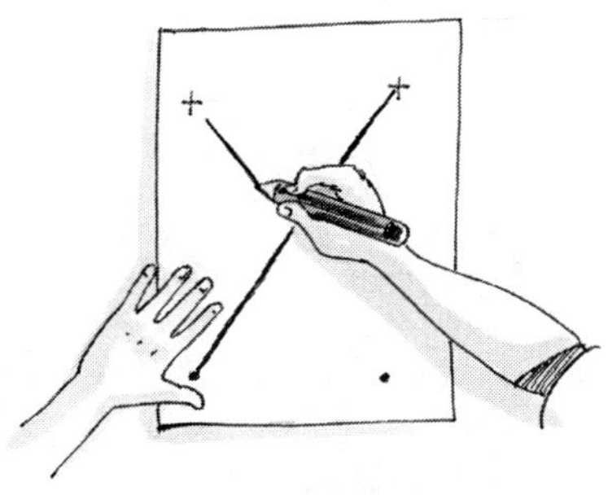

Besitzt man die Fähigkeit zum Überkreuzen der Mittellinie mit dem ganzen Körper, kann man auch beim Schreiben eines einzelnen Buchstabens das ganze Blatt ausnutzen.

6 Stift halten, malen, schneiden, falten, reißen, formen …

► Feinmotorische Aktivitäten – Auge-Hand-Koordination

Stift halten – der *Zangengriff* stellt den eigentlichen *Schreibgriff* dar.

Die erweiterte Kuppe des gebeugten Zeigefingers und der leicht gebeugte Daumen ergreifen den Stift ca. 1,5 cm von dessen Spitze entfernt, während der Mittelfinger dahinter liegend nur als Stütze dient. Die übrigen Finger sind leicht gebeugt und werden in Richtung Handfläche gekrümmt gehalten. Der Stift selbst sollte mit ca. 45° zur Schreibrichtung gehalten werden.

Während des Schreibens kommt es oft zu einem Wechsel zwischen Zangengriff (Beugung) und Pinzettengriff (Streckung).

„Zangengriff"

„Pfötchengriff"

Schon im Kindergarten, zu Hause und natürlich auch in der Schule sollten die Kinder immer wieder feinmotorische Aktivitäten/Bewegungsabläufe unter Anleitung und Aufsicht ausführen. Mit zunehmender Sicherheit können auch Aufgaben gestellt werden, die über die hier genannten Aufgaben hinausgehen.

Mit unterschiedlichen Aufgabenstellungen werden immer wieder die Auge-Hand-Koordination, die taktil-kinästhetische Wahrnehmung, die Zusammenarbeit beider Hände aber auch die Bevorzugung einer Hand angesprochen und damit insgesamt die Voraussetzungen für das Lesen und Schreiben verbessert.

Die folgende Beispiele erheben keinen Anspruch auf Vollständigkeit, sind aber als Anregungen zu verstehen und sollten unter Beachtung des jeweiligen Kindes angepasst und modifiziert werden.

6 Stift halten, malen, schneiden, falten, reißen, formen ...

Stift richtig halten und „führen“:
„Ein Auto will in die Garage fahren.“ Ziehe eine Linie in der Mitte der Straße, ohne dabei an den Rand der Straße zu stoßen.

Ausmalen:
Vorgegebene Formen, z. B. einen Stern, eine Sonne, eine Blume, einen See, eine Tierfigur ausmalen und dabei möglichst wenig über den Rand malen.

Schneiden:
Aus etwas festerem Papier mit der Schere (Kinderschere) einen aufgezeichneten Ball, ein Haus oder eine Tierfigur möglichst formgerecht und zielgenau ausschneiden.

Falten:
Ein DIN A4 Blatt quer oder hochkant auf den Tisch legen und mit der linken Hand festhalten. Nun mit der rechten Hand in der Mitte falten. Evtl. anschließend weitere Faltvorgänge durchführen.

Reißen:
Ein DIN A4 Blatt mit der linken Hand festhalten und mit der rechten Hand Streifen davon abreißen. Anfangs das Blatt evtl. dabei auf den Tisch legen.

Formen und biegen:
- Ein Springseil so auslegen, dass ein Kreis, Viereck oder Dreieck entsteht.
- Einen ummantelten Draht (oder ein anderes biegsames Material) so biegen, dass ein Bogen und/oder ein Kreis entsteht.

Bewegung schafft Grundlagen für Lesen & Schreiben – Bestell-Nr. 12 722
KOHL VERLAG

6 Stift halten, malen, schneiden, falten, reißen, formen …

Formen und kneten:
Im Sandkasten mit Formen „backen“, später Häuser, Berge, Straßen, Mauern, Tunnel mit den Händen aus Sand formen. Oder mit Knetgummi Gegenstände aus dem Alltag, Tiere, Fantasiefiguren usw. formen und kneten.

Drehen:
Mit einer Hand einen auf dem Tisch liegenden Tennisball in Drehung versetzen. Beide Hände rechts und links an den Ball legen und diesen in Drehungen versetzen. Dabei geht eine Hand nach vorn und die andere Hand bewegt sich gleichzeitig nach hinten. Mit einer Hand einen Kreisel in Rotation versetzen.

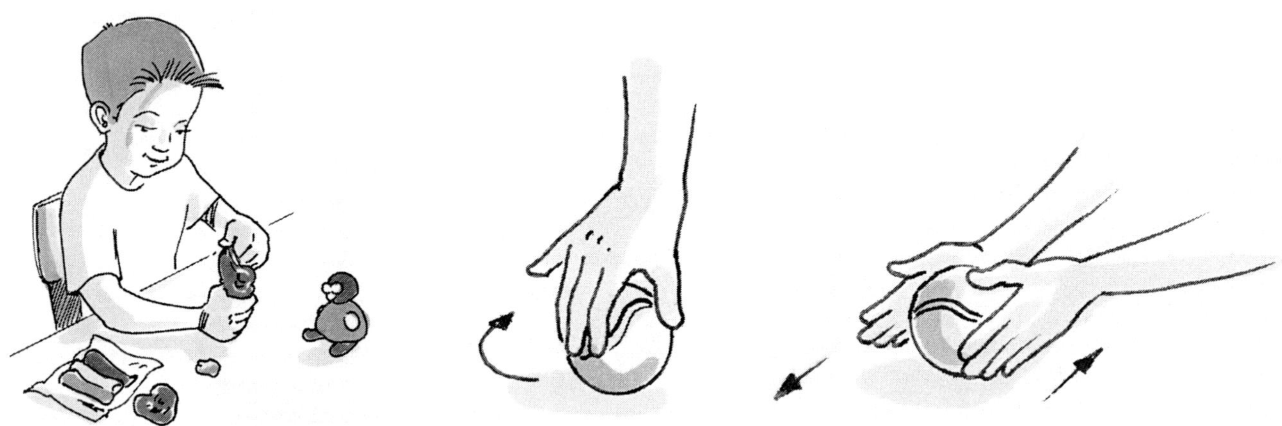

Wickeln:
Mit der linken Hand ein Knäuel (mittlerer bis dickerer Bindfaden) halten und mit der rechten Hand den Faden aufwickeln.

Einfädeln:
Eine Büroklammer in der linken Hand mit der Spitze nach unten halten und mit der rechten Hand den Faden in den größeren Teil der Büroklammer einfädeln. Anschließend einen ersten Knoten ausführen. Danach die Büroklammer mit der Spitze nach oben halten und den Faden in den oberen kleinen Teil einfädeln.

„Schleifen binden“:
Beim Schuhe-Anziehen zuerst einen einfachen Knoten machen und darauf eine Schleife binden.

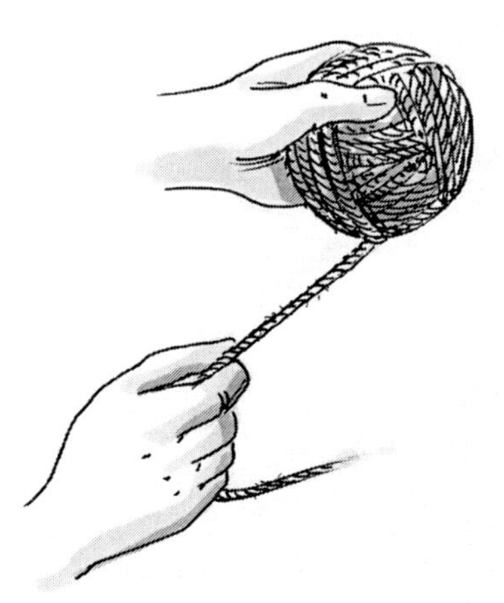

7 Von der Grobmotorik zur Feinmotorik

► Feinmotorische Entwicklung setzt grobmotorische Entwicklung voraus

Manche Kinder haben Schwierigkeiten beim Zeichnen mit Überkreuzungen und Schrägen. Sie können ihre Körperbewegungen nicht fein dosieren und rechtzeitig abbremsen und neigen deshalb zu überschießenden (unkontrollierten) Bewegungsabläufen und großem Schreibdruck. Sie können häufig keine kräftigen, schnellen oder ausdauernden Bewegungen ausführen, haben häufig eine unleserliche Schrift, halten die Linien nicht ein, sind motorisch unruhig, wirken unaufmerksam und sind ungeschickt.

→ Wenn ein Kind über den kinästhetischen Sinn die Lage und Haltung seiner Finger nur ungeordnet wahrnimmt, kann es diese nicht differenziert bewegen;

→ Kinder, die als Kleinkinder nicht ausgiebig gekrabbelt sind, verfügen über keine gute Überkreuzkoordination und haben deshalb Schwierigkeiten beim Zeichnen von Überkreuzungen und Schrägen;

→ Wenn Schulanfänger die Buchstaben nicht formgerecht schreiben und die Linien beim Schreiben nicht einhalten können, den Stift zu fest aufdrücken oder auch manchmal zu wenig Druck ausüben und dadurch eine fast unleserliche Schrift entsteht, sind Hinweise wie „Schreibe genauer“, „Achte auf die Linien“, „Pass besser auf“ oder „Konzentriere dich“ wenig hilfreich

Man sollte immer daran denken ...
Ganz gleich, ob das Kind an einem Gitternetz klettert, auf einem Bein hüpft oder den Stift zum Schreiben eines Wortes über das Papier führt, immer ist es auf eine funktionierende Wahrnehmung und vielfältige Bewegungserfahrungen angewiesen.

Eine umfassende und komplexe grobmotorische Entwicklung, in Form von vielfältigen und variierten Bewegungsangeboten, schafft die Voraussetzungen für eine gute feinmotorische Entwicklung. Ein Kind, das genügend Zeit hatte, vielfältige Bewegungserfahrungen zu machen und seine Erlebnisse sprachlich mitzuteilen, erwirbt alle Voraussetzungen, die für die Integrationsleistungen der graphischen Bewegungsabläufe und der Reproduktion der Buchstabenform im Lese-Schreib-Lernprozess notwendig sind.[1]

Die feinmotorische Entwicklung setzt die grobmotorische Entwicklung voraus.

Und umgekehrt gilt: Beeinträchtigungen in der Grobmotorik stehen oft in engem Zusammenhang zu Beeinträchtigungen in der Feinmotorik.

Bewegung schafft Grundlagen für Lesen & Schreiben – Bestell-Nr. 12 722
KOHL VERLAG

[1] Fischer, K.: Lateralität und Literarität oder: Was haben links und rechts mit Schreiben, Lesen und Rechnen zu tun?, In: Kindheit und Bewegung, 2003, S. 88

7 Von der Grobmotorik zur Feinmotorik

Im Folgenden werden Beispiele genannt, die das aufeinander aufbauende Verhältnis Grobmotorik-Feinmotorik aus praktischer Sicht beschreiben.[2]

Grobmotorik	Feinmotorik
Das Kind bewegt sich schnell genug und legt die Hände rechtzeitig in die richtige Position, um einen Ball zu fangen. 	Das Kind kontrolliert den Bleistift so, dass seine Schriftbewegung schnell genug und entsprechend genau ausgeführt wird. 
Das Kind balanciert über einen Baumstamm. 	Das Kind steuert seine Bleistifthaltung und Schriftbewegung so, dass das Geschriebene innerhalb der Markierung bleibt. 
Das Kind führt Zielwürfe mit großen und kleinen oder schweren und leichten Bällen aus verschiedenen Abständen mit differenzierter Dynamik aus. 	Das Kind differenziert Buchstaben (groß/klein), hält die entsprechenden Abstände beim Schreiben ein, schreibt makellos mit verschiedenen Schreibutensilien und auf verschiedenen Untergründen. 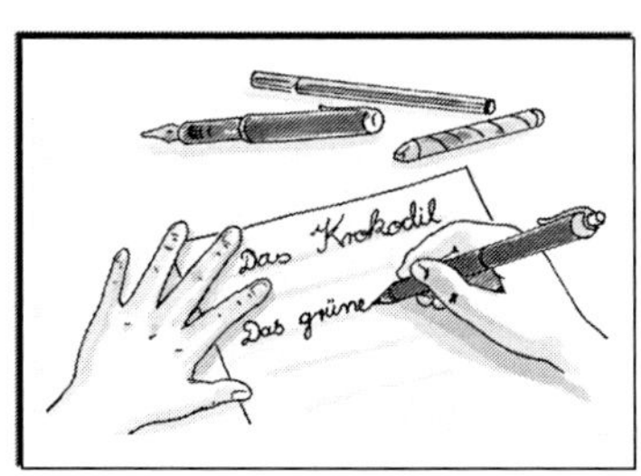
Das Kind orientiert sich im Großraum mit dem ganzen Körper. Zu zweit mit Handfassung: Kind A geht vorwärts, Kind B geht rückwärts. Langsam fortbewegen, ohne dabei Tische und Stühle zu berühren oder andere Paare zu behindern. Später Rollentausch vornehmen. 	Das Kind orientiert sich im Kleinraum Papier mit der Hand. 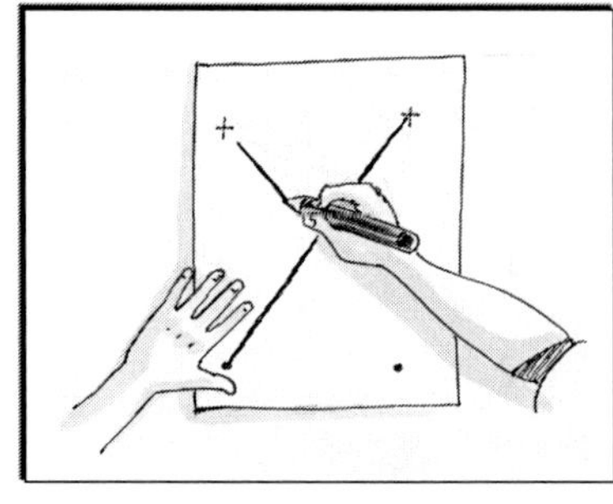

2 Kambas, Antonis: Die schreiben aber gar nicht! Graphomotorische Kompetenz durch Schulung der Bewegungskoordination, In: Wahrnehmen – Bewegen – Lernen. Kindheit in Bewegung, 2003, S. 99

8 Strich, Punkt, Bogen, Kreis, Diagonale, Überkreuzen, Girlanden

► Graphomotorik – dynamische Teilkoordination – graphomotorische Grundmuster

Das Schreiben ist eine sehr komplexe, feinmotorische Tätigkeit.

Formwahrnehmung, Feinmotorik, und das Zusammenspiel von Auge und Hand sind nötig, um den komplizierten Vorgang des Schreibens erlernen zu können.[1]

Die für den Schreiberwerb erforderlichen Voraussetzungen werden auch als graphomotorische Fähigkeiten (Grundmuster) bezeichnet. Bei der Graphomotorik handelt es sich schwerpunktmäßig um einen sensorisch kontrollierten, motorischen Schreibvollzug.

Unter dem Begriff Graphomotorik lassen sich alle Prozesse einordnen, die zur Produktion grafischer Zeichen mit der Hand und einem Schreibgerät auf einem Untergrund führen.

Einzelne Körperteile zu spüren und zu benennen, die Körperseiten bewusst differenziert einzusetzen und Kreuzungen der Körperseiten vorzunehmen, sind wichtige Voraussetzungen für das Schreibenlernen. Das Kind muss in der Lage sein, seinen Körper, seine Hände und Finger richtig zu spüren, alle Körperteile koordiniert zu bewegen und zu steuern, nur dann kann es auch feinmotorisch exakt üben.

Wenn das Kind über den Bewegungssinn (kinästhetische Wahrnehmung) die Lage und Haltung seiner Finger nur diffus wahrnimmt, können diese natürlich nicht differenziert bewegt werden, d. h. das formgerechte Schreiben, unter Beachtung der Linien, wird nicht gelingen.

Förderlich für den Schreiblernprozess …
… sind experimentierende „graphomotorische Versuche" der Kinder auf Sand (im Sandkasten), Straßen, Wandtafeln, Tapeten, Pappen, an Wänden und auf anderen bemalbaren Flächen.

Dabei setzen die Kinder ihre Hände (beid- und einhändig), ihre Finger, kleine Stöckchen, dicke Buntstifte, Pinsel, Kreide, Straßenkreide … ein.

[1] Noterdaeme, M./Breuer-Schaumann, A. E.: Lesen und Schreiben – Bausteine des Lebens, S. 32

[2] Rix, Achim: Den Stift im Griff, S. 6

8 Strich, Punkt, Bogen, Kreis, Diagonale, Überkreuzen, Girlanden

Graphomotorik – dynamische Teilkoordination

„Graphomotorik“ ist der dynamischen Teilkoordination zuzuordnen. Bei der dynamischen Teilkoordination werden nur Teile des Körpers bewegt, z. B. beim Schreiben.

Dagegen beinhaltet die dynamische Gesamtkörperkoordination die „Bewegung des gesamten Körpers“ und folglich alle Fortbewegungsarten von der Rotation über das Robben und Krabbeln bis zum Gehen, Laufen, Klettern, Steigen und Springen. Jede Teilkoordination ist grundlegend auf eine funktionierende Gesamtkörperkoordination angewiesen.

Schreiben – Sitzkoordination

Um Schreiben zu können, bedarf es in der Regel einer statischen Gesamtkörperkoordination, wie der Sitzkoordination. Viele Kinder haben Schwierigkeiten, das Sitzen so zu koordinieren, dass sie sich auf das Schreiben konzentrieren können.

Um das Schreiben zu unterstützen, ist es sinnvoll, Tische und Stühle der Körpergröße des Kindes anzupassen und so eine vernünftige Unterstützungsfunktion von Unterarm und Handgelenk zu gewährleisten. Sind die Möbel zu groß, schreiben die Kinder praktisch mit „erhobenen“ Armen, evtl. fast parallel zur Schulterhöhe. Sind die Möbel zu klein, hängt der Unterarm in der Luft über der Tischhöhe.

Sichere Schreibbewegungen gelingen bei aufgerichteter Wirbelsäule, gerade und entspannt gehaltenem Schultergürtel und freier Atmung. Das Schultergelenk bewegt sich locker, der Oberarm wird nicht an die Rippen gepresst, die Hand wird aus dem frei beweglichen Ellenbogen und Unterarm gesteuert.[3]

Höhe von Tisch und Stuhl

Steht das Kind aufrecht, sollte sich die Tischkante etwa in Höhe der Gesäßmitte und die Stuhlkante etwa 3-4 cm oberhalb des Knies befinden.

Das anfängliche Schreiben ist zunächst stark dadurch gekennzeichnet, dass das Kind den Schreibvorgang vollständig visuell verfolgt und mit voller Konzentration bewusst kontrolliert (Bild a). Bei stetiger Übung und Wiederholung wird vieles automatisiert und es gelingt dem Kind, diese unmittelbare visuelle Kontrolle schrittweise abzubauen (Bild b).

a

b

[3] Zitzlsperger, H.: Vom Gehirn zur Schrift, S. 205

8

Strich, Punkt, Bogen, Kreis, Diagonale, Überkreuzen, Girlanden

Graphomotorische Grundmuster

Für die Vorbereitung des Schreibens sind erfahrungsgemäß die auf der nächsten Seite abgebildeten graphomotorischen Grundmuster geeignet. Die Grundmuster der Graphomotorik werden nach entsprechender Übung mit fünf Jahren ausgeführt. Voraussetzung ist die störungsfreie Entwicklung der Händigkeit und der Hand-Auge-Koordination.

Schon im Kindergarten sollten deshalb die folgenden Aufgaben (siehe Seiten 40 und 41) immer wieder in kindgerechter Form ausgeführt werden, um die Schreibbewegungen vorzubereiten.

Diese Graphomotorischen Grundmuster kann man nun mit verschiedenen Übungen, sowohl zum **Vervollständigen**, als auch zum **Nachspuren** einsetzen. Natürlich auch immer gern mit verschiedenen Farben.

Die Muster können auch durch kleine Geschichten und passende Bilder spielerisch vermittelt werden, sodass die Kinder sie gleich „frei" malend und zeichnend aufs Papier bringen. Evtl. malt die Lehrerin anfangs an der Tafel vor.

- Überkreuzungen werden als Zäune, Wege, Fenster, Scheren … bezeichnet;
- Striche, Vierecke, Kreise sind Stacheln, Strahlen, Schienen, Gitterstäbe, Ballons, Monde und Zelte …;
- Punkte werden als Streusel, Körner, Regentropfen ... erzählend dargestellt;
- Bögen, Kreise und Ovale könnten Regenbogen, Hüpf- und Schaukelbewegungen sowie Früchte sein ...

Verschiedene Übungen zum Vervollständigen von Graphomotorischen Grundmustern folgen auf der nächsten Seite.

Das Nachspuren Graphomotorischer Grundmuster als vorbereitender Schritt für das Nachspuren von Buchstaben

Beispiele für den Einsatz von Graphomotorischen Grundmustern in Form von Schwungübungen zum Nachspuren folgen auf der übernächsten Seite.

Dabei sollte zunächst auf Hilfslinien verzichtet werden – wichtig ist der flüssige motorische Ablauf. Unter Einbeziehung kleiner Abbildungen und mit einer kurzen, anregenden Geschichte „Der Schmetterling flattert zum Blumenbeet" wird für die nötige Motivation gesorgt. Die Linien können dabei mal stärker, mal dünner, mal punktiert oder mal gestrichelt sein.

Nachspuren kann man auch draußen auf dem Schulgelände

- Kinder malen die Linien mit Straßenkreide auf den asphaltierten Bereich des Schulhofs.
- Dann gehen oder laufen sie mehrmals die gemalten Linien ab.
- Sie können auch mit bunter Kreide immer wieder die Linien nachspuren, die sie selbst oder andere Kinder gemalt haben.

Bewegung schafft Grundlagen für Lesen & Schreiben – Bestell-Nr. 12 722

8 Strich, Punkt, Bogen, Kreis, Diagonale, Überkreuzen, Girlanden

Übungen zum Vervollständigen:

Name	Graphomotorisches Grundmuster	Das rechte Bild ist so zu ergänzen, wie das linke vorgibt.	
Strichv			
Punkt			
Bogen			
Kreis			
Diagonale			
Überkreuzen			
Girlande			

8 Strich, Punkt, Bogen, Kreis, Diagonale, Überkreuzen, Girlanden

Übungen zum Nachspuren:

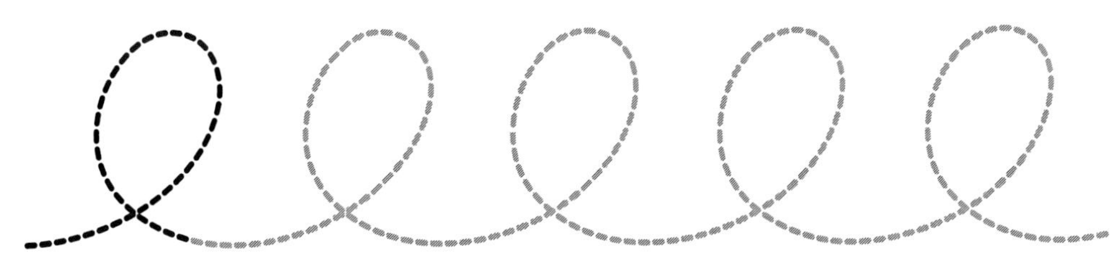

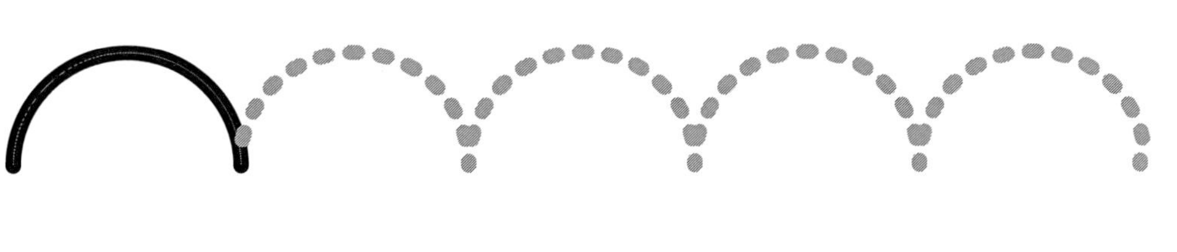

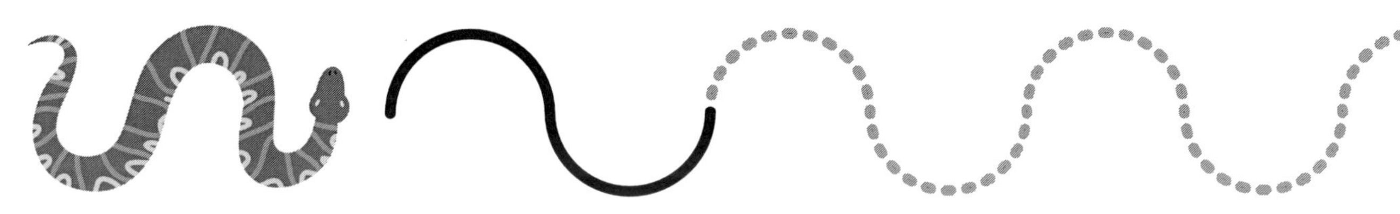

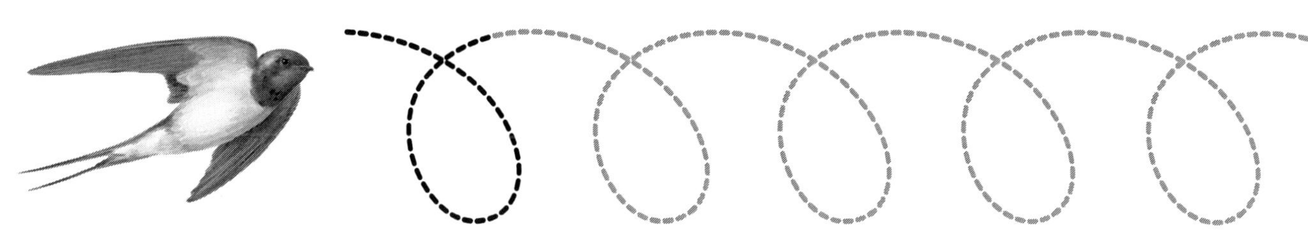

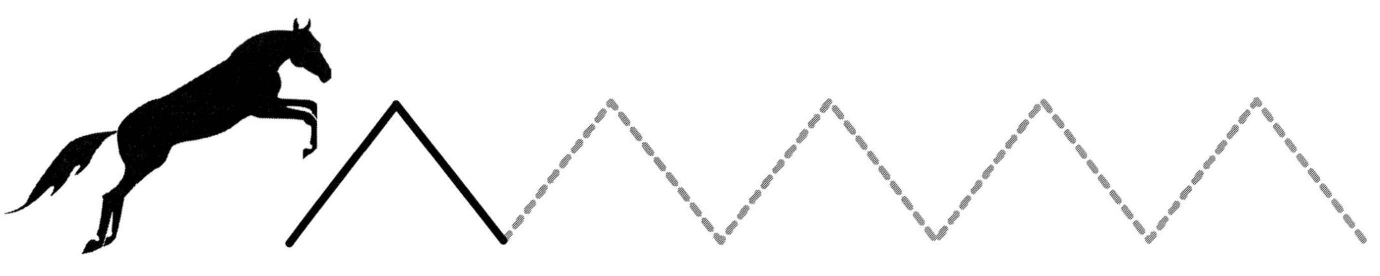

Bewegung schafft Grundlagen
für Lesen & Schreiben – Bestell-Nr. 12 722
KOHL VERLAG

9 Fingergymnastik – Koordination und Beweglichkeit schulen

► Entspannung der Finger und damit auch des Kopfes

Wenn ein Kind über den kinästhetischen Sinn die Lage und Haltung seiner Finger nur ungeordnet wahrnimmt, kann es diese nicht differenziert bewegen.

Formgerecht schreiben, dabei Linien und Ränder einhalten, gelingt nur, wenn die kinästhetische, visuelle und taktile Wahrnehmung effektiv zusammenarbeiten. Die kinästhetische Wahrnehmung ermöglicht die Stellung und korrekte Haltung von Arm, Hand, Rumpf und Auge zum Heft und zur Bewegungsrichtung. Gemeinsam mit der taktilen Wahrnehmung wird die Kraftdosierung und der Druck der Stifthaltung während des Schreibens kontrolliert.

In der Regel ruht der Stift auf dem Endglied des Mittelfingers, Zeigefinger und Daumen umschließen ihn (siehe Kapitel 6). Jedes Kind findet für sich heraus, wie es am besten den Stift halten kann, ohne dabei zu viel Kraft bzw. zu viel Druck auf den Stift auszuüben, was leicht zu Verkrampfungen und Ermüdung führt.

Damit der Stift beim Schreiben zielgerichtet und sicher geführt werden kann, bedarf es einer guten Koordination und Beweglichkeit der einzelnen Finger. Es ist deshalb sinnvoll, schon Kindern im Vorschulalter Fingergymnastik anzubieten, um dabei die Greiffunktion, die Finger-Geschicklichkeit und die Feinmotorik zu schulen. Die Verwendung der dominanten Hand sollte dabei trainiert werden. Diese Übungen können später in der Grundschule wiederholt und ergänzt werden. Fingergymnastik kann man auch gut zwischendurch als „Bewegungspause" durchführen.

Zur Einstimmung:

- im Takt zweimal in die Hände klatschen und danach zweimal auf den Tisch klatschen; einzeln oder gemeinsam mit der Lehrerin und den Mitschülern;
- im Stuhlkreis zunächst mit den Händen über Kopf in die Hände klatschen, dann auf beide Knie klatschen (evtl. auch überkreuz) und danach den Oberkörper nach vorn beugen und hinter den Waden in die Hände klatschen

9

Fingergymnastik: Koordination und Beweglichkeit schulen

Die folgenden 10 Fingerübungen sind als Anregungen zu verstehen und können je nach Bedarf ergänzt und verändert werden.

1. Hände und Unterarme liegen auf dem Tisch:

Die Finger im Wechsel spreizen und schließen – zunächst mit einer Hand, dann evtl. auch mit beiden Händen zugleich.
Lehrerin und Kind sprechen dabei: „Spreizen – schließen – spreizen – schließen …“

2. Hände und Unterarme liegen auf dem Tisch:

Die Finger im Wechsel krallen und strecken – zunächst mit einer Hand, dann evtl. auch mit beiden Händen zugleich.
Lehrerin und Kind sprechen dabei: „Strecken – krallen – strecken – krallen …“

3. Die Schreibhand liegt auf dem Tisch:

Einzelne Finger, z. B. den Zeigefinger, im Wechsel krallen (mit Druck auf den Tisch) und strecken.
Hinweis: Möglichst rhythmisch ausführen, evtl. nach Musik.

4. Die Schreibhand liegt mit gespreizten Fingern auf dem Tisch:

Nun den Zeigefinger wie einen Scheibenwischer hin und her bewegen (wischen). Danach auch mit den anderen Fingern versuchen.

5. Im Stand oder Sitz:

Arme leicht anwinkeln und beide Handflächen mit gestreckten Fingern aneinanderlegen.
Nun beide Hände im Wechsel falten, sodass zunächst der linke Daumen und danach der rechte Daumen oben liegt. Anschließend die Hände wieder lösen und beide Handflächen aneinanderlegen.
Hinweis: Die einzelnen Phasen ruhig und nicht hektisch nacheinander ausführen.

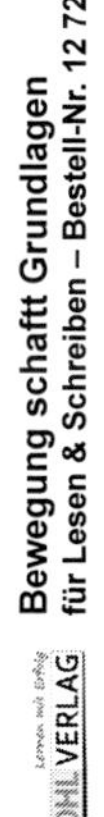

Bewegung schafft Grundlagen für Lesen & Schreiben – Bestell-Nr. 12 722

9 Fingergymnastik: Koordination und Beweglichkeit schulen

6. Im Stand oder Sitz:

Die Fingerspitzen gegen den Daumen tippen. Mit dem Zeigefinger beginnen, bis zum kleinen Finger, anschließend wieder zurück zum Zeigefinger. Erst mit der rechten Hand, dann mit der linken Hand und schließlich mit beiden Händen gleichzeitig. Jeder Finger muss mit dem Daumen vollständig Kontakt aufnehmen.
Variation: Daumen und Zeigefinger gehen „mit langen Schritten" über den Tisch. Erst mit der rechten Hand, dann auch mit der linken Hand.

7. Im Sitz: Die Unterarme und Hände liegen flach auf dem Tisch:

Nacheinander die Finger einzeln anheben und **zweimal** auf den Tisch klopfen. Mit dem Daumen beginnen. Zunächst mit der rechten Hand, anschließend auch mit der linken Hand üben. Jeder Finger muss deutlich **zweimal** auf den Tisch klopfen, erst dann kommt der nächste Finger dran.

Mit welchem Finger kann am kräftigsten geklopft werden?

8. Im Stand oder Sitz:

Die Kinder versuchen die Fingerbewegungen der Lehrerin nachzumachen. Anfangs nicht zu schnell vormachen, damit alle Kinder folgen können.

9. Im Stand oder Sitz:

Die Fingerkuppen beider Hände locker aneinanderlegen, sodass zwischen den Fingern eine ovale Öffnung entsteht (Iglu oder Zelt). Nun die Finger strecken und den Druck auf die Fingerkuppen verstärken, sodass ein „Spitzdach" entsteht. Einen Moment so bleiben, dann lösen und wieder in die Zeltstellung zurückkommen. Den Unterschied zwischen Spannung und Entspannung bewusst machen.

Buchstaben mit allen Sinnen lernen

► Ganzheitliche und multisensorische Einführung von Buchstaben

Lesen und Schreiben gehören zu den Grundfertigkeiten des Lebens und stehen deshalb im Mittelpunkt der Grundschule. Wer gut lesen kann, ist in der Lage wichtige Informationen schnell aufzunehmen und auszuwerten. Grundsätzlich kann man davon ausgehen, dass jedes durchschnittlich intelligente Kind, das gut hören, sehen und richtig sprechen kann, auch richtig Lesen und Schreiben lernt.[1]

Formwahrnehmung, Feinmotorik und das Zusammenspiel von Auge und Hand sind nötig, um den komplizierten Vorgang des Nachspurens/Schreibens zu erlernen. Dieses Buch beschäftigt sich damit, wie man günstige Bedingungen und Voraussetzungen zum Erlernen des Lesens und Schreibens schaffen und außerdem den Bedürfnissen von Mädchen und Jungen im Vor- und Grundschulalter nach mehr Bewegung gerecht werden kann. Sinneserfahrungen und Bewegung sind Teil eines ganzheitlichen Bildungs- und Lernverständnisses. Ganzheitliches Lernen verbindet kognitives, emotionales, soziales, praxisorientiertes und sensomotorisches Lernen.[2]

„Immer kommt das ganze Kind zur Schule und nicht nur der Kopf."
Diese Aussage gilt auch und besonders, wenn es um das Lesen und Schreiben geht.

Mädchen und Jungen lernen nicht nur über visuelles und auditives Aufnehmen (Sehen und Hören) und kopfbestimmtes Bewältigen von Aufgaben, sondern ganz besonders durch körperlich-sinnliche und handlungsorientierte Erfahrungsmöglichkeiten. Mit möglichst vielen Sinnen wahrnehmen – sehen – hören – tasten – begreifen – spüren/fühlen und abspeichern (sich merken). Es sind immer mehrere Sinne bei der Ausführung des jeweiligen Bewegungsablaufes beteiligt – es wird multisensorisch gespielt und geübt.

Die beste Art etwas zu lernen ist, es auch selbst zu tun bzw. sich dabei zumindest in passender, nachahmender Weise zu bewegen.
Bei der Einführung (beim Lernen) neuer Buchstaben ist ein ganzheitlicher Zugang im Sinne von „Kopf, Herz und Hand" anzustreben. Dabei kommen neben der visuellen und auditiven auch die taktile und kinästhetische Wahrnehmung zum Einsatz.

Wenn Kinder „die Welt der Buchstaben" kennenlernen, ist das zunächst aufregend und spannend – diese Neugier gilt es zu erhalten. Deshalb werden im Folgenden einige Methoden genannt, wie Kinder „Bekanntschaft" mit neuen Buchstaben machen können und dabei möglichst viele Sinne beteiligt sind. Die Verlaufsgestalt (Form) eines Buchstabens wird visuell und motorisch (taktil-kinästhetisch) wahrgenommen und im Gedächtnis abgespeichert.

[1] G. Kesper: Sensorische Integration und Lernen, S. 82

[2] G. Bräggert/H. Hundeloh/N. Posse/H. Städtler: Bewegung und Lernen, S. 112

Bewegung schafft Grundlagen für Lesen & Schreiben – Bestell-Nr. 12 722
KOHL VERLAG

10 Buchstaben mit allen Sinnen lernen

Das Erlernen des Alphabets, d. h. das Lernen von Buchstaben, ist ein wichtiger Baustein im Prozess des Lesenlernens. Lesen und Schreiben sind oft eng miteinander verzahnt. Damit die Kinder das Lesen und die Schriftsprache leichter lernen, benötigen sie im Elternhaus, im Kindergarten und in der Schule „unterstützende Maßnahmen".

Die Alphabetisierung (Vermittlung der Lese- und Schreibfähigkeit) fängt mit den Buchstaben an. Die Einbindung unterschiedlicher Sinnessysteme hilft dabei, die Wahrnehmung der Buchstaben zu festigen und vielseitiger abzuspeichern. Das Bild rechts zeigt ein Beispiel, wie das Lernen nicht nur mit visuellen und akustischen, sondern auch mit taktil-kinästhetischen Methoden bereichert bzw. intensiviert werden kann.

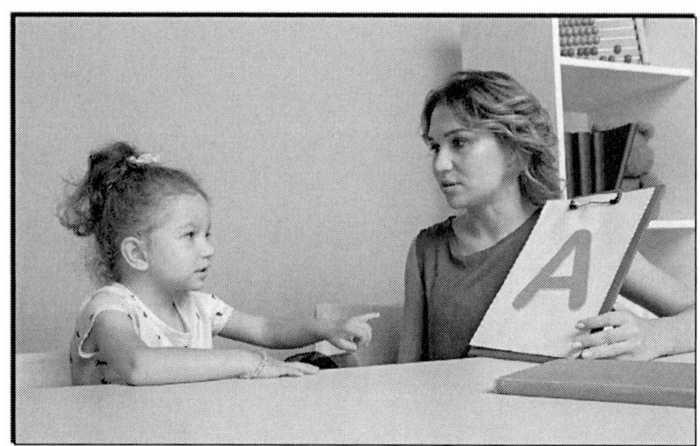

Jeder Buchstabe hat einen bestimmten Klang – in der Fachsprache „**Laut**". Die kleinste Einheit der gesprochenen Sprache ist der Laut. Laute und Buchstaben stehen nicht in einer Eins-zu-Eins-Beziehung zueinander. Etwa 40 Lauten stehen 26/30 Buchstaben gegenüber.

Warum gibt es mehr Laute als Buchstaben?

Ein Buchstabe kann z. B. lang oder kurz, weich oder hart ausgesprochen werden, d. h. als geschriebenes Zeichen für verschiedene gesprochene Laute stehen.

Kinder erkennen aber trotz dieser Besonderheiten bald, dass Buchstaben stellvertretend für Laute stehen. Sie erfassen nämlich hörend, aber auch anhand der Mund- und Zungenbewegungen die Verwandtschaft der verschiedenen Laute, die durch denselben Buchstaben erklingen können (langes A – kurzes A).

„Sprechen, Lesen, Schreiben", um das dazu gehörende Netzwerk von multisensorischen Eindrücken geht es ja hier gerade. Somit beginnen die Kinder von Anfang an buchstabenweise zu lesen und lautgetreu zu schreiben.

Buchstaben sind Zeichen, die wir beim Schreiben anwenden. Das deutsche Alphabet besteht aus 26 Buchstaben. Unter Berücksichtigung der Umlaute ä, ö, ü und des Sonderzeichens ß sind es 30 Buchstaben.

Die Namen der Buchstaben, wie sie beim „Nennen im ABC" verwendet werden, nennt man **Buchstabennamen**.

Beispiele:	B = „Bee"	K = „Kaa"	L = „Ell"	M = „Emm"
	N = „Enn"	R = „Err"	W = „Wee"	Z = „Zett"

10 Buchstaben mit allen Sinnen lernen

Wie läuft das Lesen beim Grundschulkind ab?

Beim Lesen eines Wortes reiht das Kind meistens die einzelnen Laute aneinander: „Ma-ma". Das klingt bei Schulanfängern meistens noch etwas holprig. Bei häufiger Wiederholung und Übung wird es immer besser und fließender, sodass bald zwei oder drei Laute miteinander verbunden werden können.

Um lesen zu können, muss das Kind nicht nur die graphische Form der Buchstaben lernen und (er)kennen, sondern auch dieser Form (diesem Buchstaben) den entsprechenden Laut zuordnen. Die Buchstabengestalten (-formen) und die ihnen zugehörenden Laute prägen sich ein und diese Phonem-Graphem-Beziehung (Laut-Buchstaben-Beziehung) wird abgespeichert.

Dem Buchstaben einen Laut zuordnen

Dem Buchstaben ein Wort zuordnen

Der Prozess des Lesenlernens fängt immer damit an, zunächst einen einzelnen Buchstaben zu lernen. Ohne Kenntnisse der Buchstaben kann ein Kind nicht lesen. Buchstaben werden einzeln, einer nach dem anderen gelernt.

<u>Tipp</u>: „Die Kinder lernen einen Buchstaben nach dem anderen!"

Das Lernen (Kennenlernen) der Buchstaben sollte nicht nur akustisch und visuell erfolgen, sondern immer mit taktiler und kinästhetischer Wahrnehmung verknüpft werden. Die Einbindung unterschiedlicher Sinne steigert die Effektivität des Lernprozesses und sichert das Erinnerungsvermögen.

Buchstaben sind für Kinder abstrakt (realitätsfern, theoretisch), sie können damit wenig anfangen. Die Verknüpfung mit etwas Berührbaren, Greifbaren, und Bekannten hilft, das Buchstabenbild besser zu behalten, sich einzuprägen und zu vervollständigen. Um möglichst viele Sinne beim „Buchstabenlernen" zu beteiligen, ist es sinnvoll, schon bei der Unterrichtsplanung, d. h. nach dem Kennenlernen des Buchstabens Möglichkeiten (motorische Aktivitäten) einzuplanen, die einzeln und/oder gemeinsam mit der ganzen Klasse durchgeführt werden können.

Die folgenden Beispiele sind als Anregung zu verstehen und müssen evtl. unter Berücksichtigung der Voraussetzungen des Kindes/der Gruppe und der örtlichen Gegebenheiten ergänzt bzw. modifiziert werden. Es sind Ideen, Vorschläge, Methoden und Maßnahmen für die ganzheitliche und multisensorische Einführung von Buchstaben. Zur besseren Übersicht werden die exemplarischen Beispiele den folgenden drei Bereichen zugeordnet:

- Beispiele im Klassenraum;
- Beispiele auf dem Schulhof;
- Beispiele zum Nachspuren drinnen und draußen

10 Buchstaben mit allen Sinnen lernen

Beispiele im Klassenraum

Einstieg: Die Lehrerin schreibt einen Buchstaben groß an die Tafel und spurt ihn anschließend mehrmals mit verschiedenen Farben nach.

Die Kinder …

→ … machen die Schreibbewegungen mit – in der Luft und auch mit dem Finger auf dem Tisch;

→ … stehen auf und schreiben nach Aufforderung mit aneinandergelegten Händen und ausgestrecktem Zeigefinger großmotorisch den an der Tafel geschriebenen Buchstaben in die Luft;

→ … schreiben/spuren den von der Lehrerin mit Kreide an der Tafel geschriebenen Buchstaben mit farbiger Kreide nach. Damit gleichzeitig mehrere Kinder üben können, sollte der Buchstabe mehrmals nebeneinander und auch in etwas unterschiedlicher Höhe an die Tafel geschrieben werden.

Zu zweit:

Kind A schreibt den Buchstaben mit dem Finger auf den Rücken des Partners B. Kind B sitzt in der Kutscherhaltung auf dem Stuhl. Kind A „spurt“ mit einem Finger (gern auch mit Zeigefinger und Mittelfinger gleichzeitig) über den Rücken und „schreibt“ den Buchstaben auf den Rücken. Das sitzende Kind muss den Buchstaben erspüren und erraten. Danach Rollentausch vornehmen.

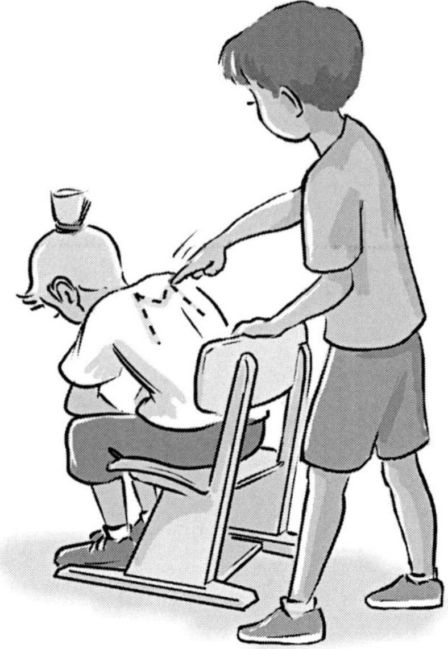

10 Buchstaben mit allen Sinnen lernen

Beispiele im Klassenraum

Die Kinder …

→ … schreiben den Buchstaben mit einem Finger (Zeigefinger) auf die Tischplatte.

→ … nehmen (nacheinander) mehrere in einem Beutel versteckte „3D-Buchstaben“ in die Hand, tasten sie ab und fühlen die Konturen. (Eine ausreichende Anzahl von 3D-Buchstaben in der Klasse bereitstellen.) Sie ertasten/fühlen so den genannten Buchstaben.

→ … zeichnen die Konturen des Buchstabens auf ein Blatt Papier. Hier werden unterschiedliche Stifte (dick, dünn, farbig) und auch Pinsel eingesetzt.

→ … zeichnen die Form des Buchstabens auf ein Stück Pappe und schneiden danach den Buchstaben mit einer Schere aus.

→ … formen den Buchstaben aus Knetmasse.

→ … legen den Buchstaben mit *Muggelsteinen*.

→ … legen die Form des Buchstabens mit Holzstäbchen, Büroklammern nach. Hier können auch alte Knöpfe und Naturmaterialien wie Maiskörner, Kastanien, Eicheln und Blätter eingesetzt werden.

→ … schreiben/malen den Buchstaben mit Wachsmalern oder Wasserfarben auf ein Stück Tapetenbahn.

→ … formen den Buchstaben mit *Biegeplüsch*.

→ Der schreibende Schüler sitzt ganz normal an seinem Tisch und schreibt in Druckschrift möglichst groß auf ein DIN A4-Blatt. Sein Partner steht mit geschlossenen Augen hinter ihm und legt seine Schreibhand locker auf die Schreibhand des Übenden. Er soll nun herausfinden, welcher Buchstabe gerade geschrieben wird.
Später einen Rollentausch vornehmen.

Variation: Eine Silbe oder ein ganzes Wort schreiben und fühlend herausfinden, um welche Silbe/welches Wort es sich handelt.

Bewegung schafft Grundlagen für Lesen & Schreiben – Bestell-Nr. 12 722

10 Buchstaben mit allen Sinnen lernen

Beispiele auf dem Schulhof

Die Kinder …

→ … schreiben/malen den Buchstaben mit Straßenkreide auf den asphaltierten Bereich des Schulhofs;

→ … schreiben/malen den Buchstaben mit Straßenkreide auf den asphaltierten Bereich und gehen/laufen die Form des Buchstabens ab;

→ … legen den Buchstaben mit einem oder mehreren Springseilen auf dem Boden nach. Dann geht nacheinander jedes Kind den ausgelegten Buchstaben über die Springseile in Schreibrichtung ab;

→ … kleben die Form des Buchstabens mit Klebeband auf den Boden;

→ … schreiben/malen den Buchstaben mit dem Finger oder einem kleinen Stock in den Sand (auf den naturbelassenen Boden);

→ … rollen mit einer Murmel den in den Sand gespurten Buchstaben nach (*Siehe vorherigen Punkt*);

→ … legen die Form des Buchstabens mit Naturmaterialien wie Muscheln, Nüssen, Kastanien und Eicheln nach;

→ Zwei oder drei Kinder versuchen gemeinsam einen Buchstaben darzustellen, z. B. das große „K“ oder das kleine „h“. Es muss vorher gut überlegt werden, mit welchen Buchstaben die Darstellung möglich ist.

10 Buchstaben mit allen Sinnen lernen

Beispiele zum Nachspuren drinnen und draußen

Zum Lernen (Kennenlernen) von Buchstaben und Zahlen hat sich insbesondere das Nachspuren als sehr erfolgreich bewährt. Das übende Kind hat dabei Erfolgserlebnisse, weil immer ein relativ korrekter Buchstabe (oder eine Zahl) entsteht.

Die gestrichelten oder gepunkteten Vorlagen werden vom Kind erst mit dem Finger und dann mit dem Stift nachgespurt. Anschließend schreibt das Kind den Buchstaben neben oder unter das Vorbild.

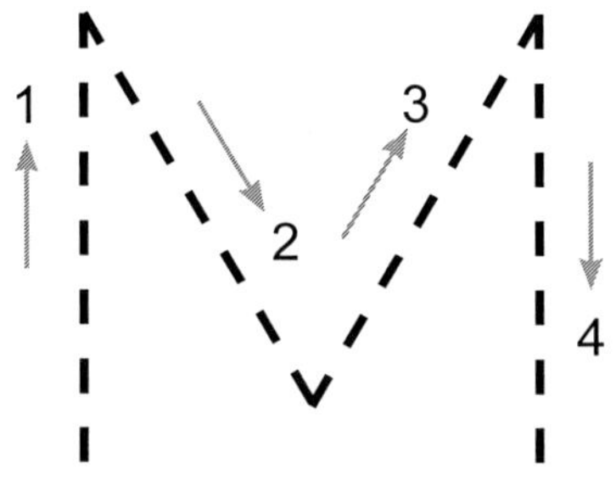

Nachspuren mit dem Finger

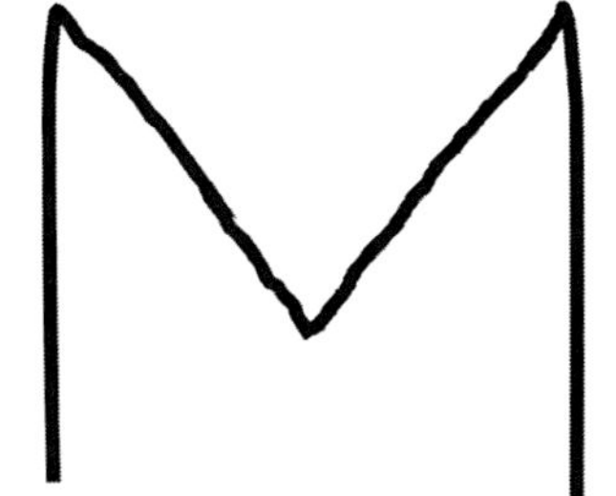

Nachspuren mit dem Stift

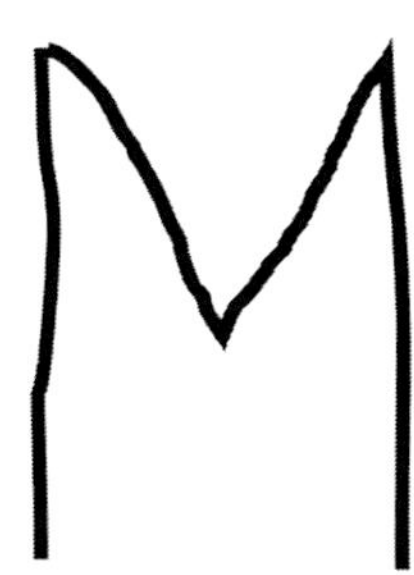

Selbst schreiben

Beim ***Nachspuren* eines Buchstaben oder einer Zahl** sind der Sehsinn (visuelle Wahrnehmung), der Tastsinn (taktile Wahrnehmung), der Bewegungssinn (kinästhetische Wahrnehmung) und der Gleichgewichtssinn (vestibuläre Wahrnehmung) mit unterschiedlichen Anteilen beteiligt.

Die kinästhetische Wahrnehmung liefert dem Gehirn Informationen über den Krafteinsatz der Muskulatur (**Einsatz des Stiftes**), über die Richtung und Geschwindigkeit der (Schreib)-Bewegung und über die Stellung der einzelnen Glieder zueinander (Fingerhaltung, Hand- und Armgelenke usw.). Sie sorgt dafür, dass Buchstaben- und Zahlenformen flüssig ausgeführt, gespeichert und wieder abgerufen werden können.

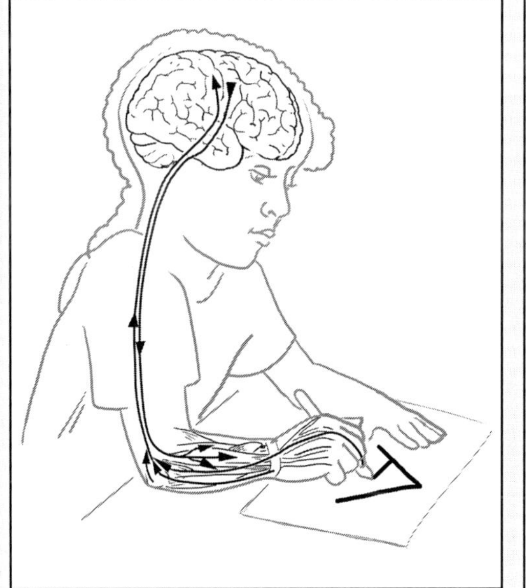

Beispiele zum *Nachspuren* von Buchstaben

Den Buchstaben …

- an der Tafel mit dem Finger nachspuren,
- auf einem Blatt Papier mit dem Finger und danach mit einem Stift nachspuren,
- dem Partner mit dem Finger auf den Rücken schreiben,
- in den Sand zeichnen und mit einem Spielzeugauto nachspuren,
- mit einem Wollfaden nachlegen und vorsichtig mit dem Finger nachspuren,
- in 3D-Form abtasten und außen herum nachspuren,
- in 3D-Form aufs Papier legen, außen herum nachzeichnen und dann mit dem Finger nachspuren.

10 Buchstaben mit allen Sinnen lernen

Beispiele von Vorlagen zum Nachspuren und Ergänzen

Nachspuren: Zuerst mit dem Finger, dann mit dem Stift und danach mit Vervollständigen. Alles kann auch verbal begleitet werden.

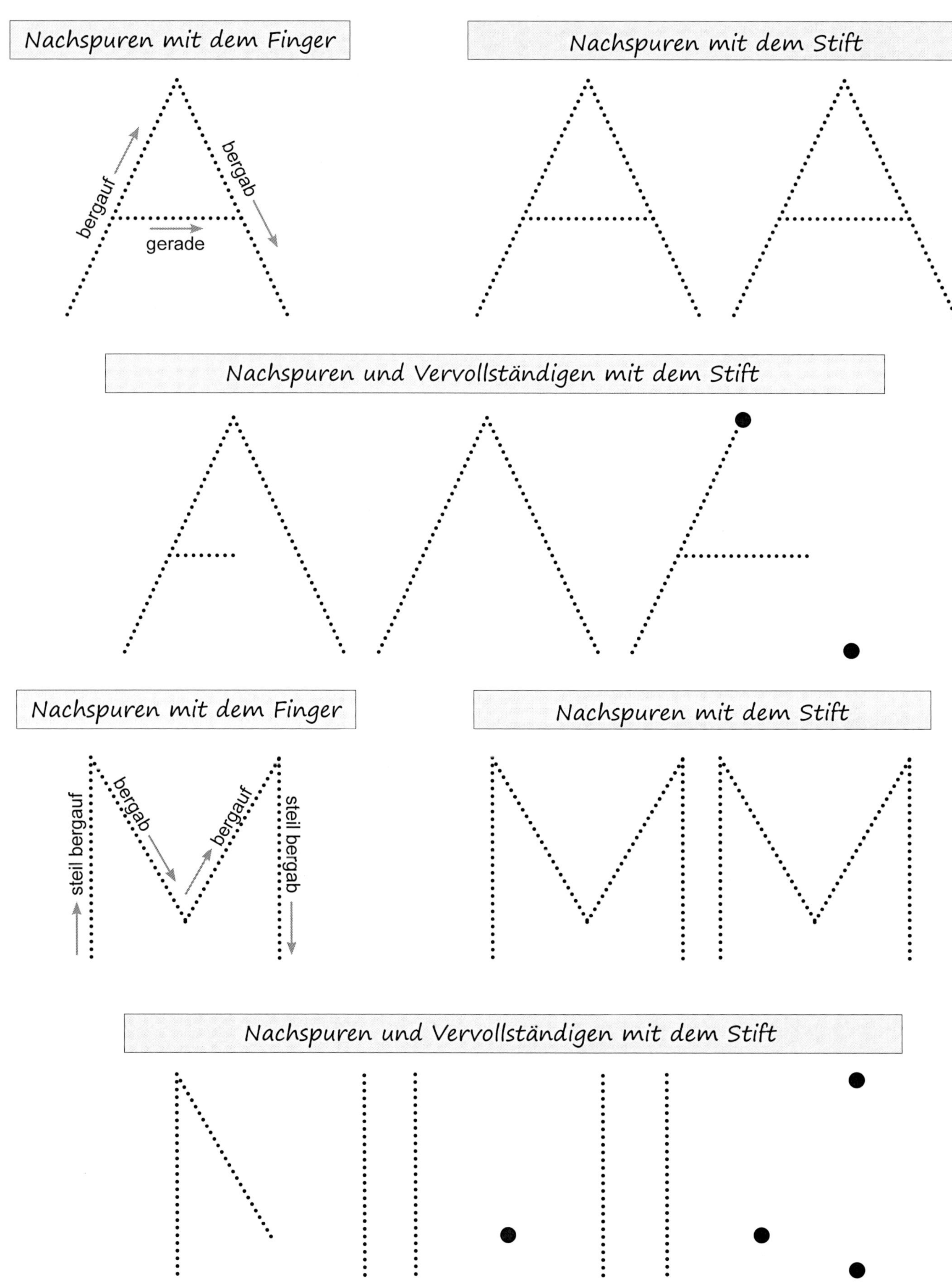

11 Wahrnehmungsbereiche beobachten und überprüfen

► Fähigkeiten der Sinne spielerisch testen

Die folgenden Übungen sind als Anregung zu verstehen, wie man die Entwicklung der Fähigkeiten in den jeweiligen Wahrnehmungsbereichen beobachten und auch überprüfen kann. Zu jedem „Sinnessystem“ wird eine Auswahl von drei Übungen angeboten, die das Kind ausführen sollte. Vorausgehen muss immer eine ausführliche Anleitung der zu lösenden Bewegungsaufgabe. Außerdem kann die Übung zusätzlich auch in Form einer Abbildung (wie hier dargestellt) gezeigt werden. Jedes Kind hat zwei bis drei Versuche (immer flexibel reagieren und keinen Druck aufbauen).

Das Ergebnis der Übungen wird in drei Abstufungen am rechten Rand eingetragen, sodass sich insgesamt bald ein Gesamtbild über die Entwicklung ergibt.

Die hier aufgeführten Bewegungsaufgaben zur Überprüfung sind keine Patentrezepte und erheben keinen Anspruch auf Vollständigkeit, ermöglichen es aber, mit einfachen und sofort umsetzbaren Übungen die Fähigkeiten der Sinne zu beobachten und festzustellen.

Wahrnehmungssystem – Sinn	Die Bewegungsaufgabe gelingt … • gut = +++ • annähernd = ++ • kaum oder gar nicht = + Bitte eintragen! →	
Bedeutung für die Schule: Die **taktile Wahrnehmung (= Hautsinn)** ermöglicht es, Hautberührungen und Hautdruck zu empfinden und damit die Stifthaltung und die Druckausübung auf den Stift zu regulieren.		
	Im Stand schließt das Kind die Augen. Die Lehrkraft/ Erzieherin berührt einen Körperteil des Kindes, z. B. das Kniegelenk. Das Kind soll danach versuchen dieses Körperteil zu bewegen (d. h. in diesem Beispiel das Gelenk zu beugen und zu strecken) und zu benennen.	
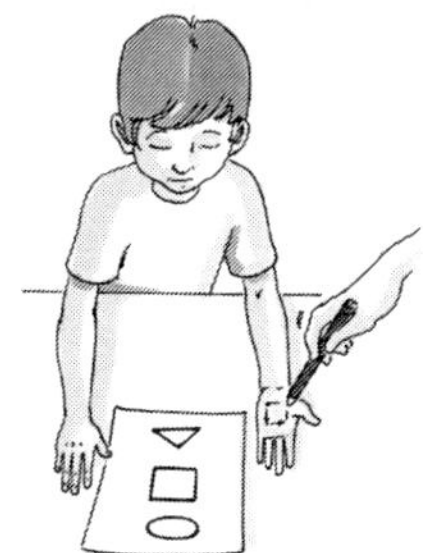	Die Lehrerin malt mit einem stumpfen Stift ein Dreieck, ein Viereck oder einen Kreis in die Handinnenfläche des Kindes. Anschließend öffnet das Kind die Augen und soll die gespürte Form auf einem Blatt nachzeichnen und benennen.	
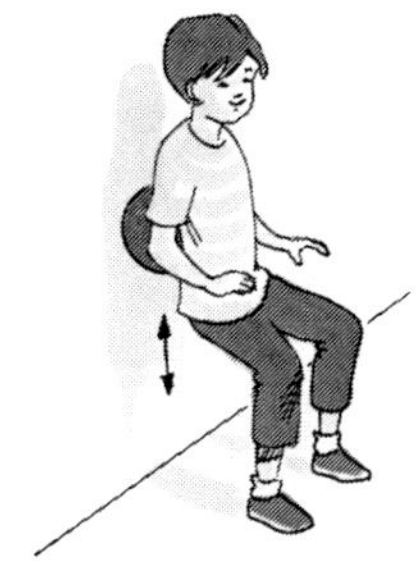	Zwischen Rücken und Wand einen Ball einklemmen. Dabei sind die Beine leicht gebeugt und die Füße ca. zwei Fußlängen von der Wand entfernt. Beuge nun langsam „wie ein Fahrstuhl“ die Knie, bis die Oberschenkel fast die Waagerechte erreicht haben, ohne dabei den Ball zu verlieren. Einen Moment so bleiben und dann wieder strecken.	

11 Wahrnehmungsbereiche beobachten und überprüfen

Wahrnehmungssystem – Sinn	Die Bewegungsaufgabe gelingt … • gut = +++ • annähernd = ++ • kaum oder gar nicht = + Bitte eintragen! →	
Bedeutung für die Schule: Die **vestibuläre Wahrnehmung (= Gleichgewichtssinn)** schafft die Voraussetzungen für das Schreiben, da der sichere Umgang mit Beschleunigungen und Richtungsänderungen geübt wird.		
	Einen Medizinball über Kopf halten und im Wechsel ein Knie fast bis zur Waagerechten anheben, ohne dabei aus dem Gleichgewicht zu geraten.	
	Zeichne deinen Weg mit einer Linie ein, ohne dabei an den Rand des Zick-Zack-Weges zu kommen.	
	Balanciere auf der Innenkante des senkrecht gehaltenen Reifens (aus Holz) vorwärts, ohne dabei das Gleichgewicht zu verlieren.	
Bedeutung für die Schule: Die **kinästhetische Wahrnehmung (= Bewegungssinn)** koordiniert die Stellung und korrekte Haltung von Hand, Arm, Rumpf und Auge zum Heft und zur Bewegungsrichtung beim Schreiben.		
	Einen Ball so gegen die Wand werfen, dass er anschließend in einen davor stehenden Papierkorb fällt.	
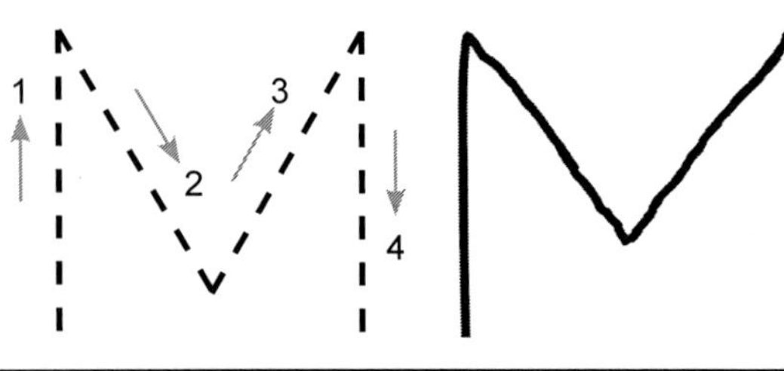	Die gestrichelten oder gepunkteten Vorlagen mit dem Finger/Stift nachspuren und anschließend den Buchstaben neben die Vorlage schreiben.	
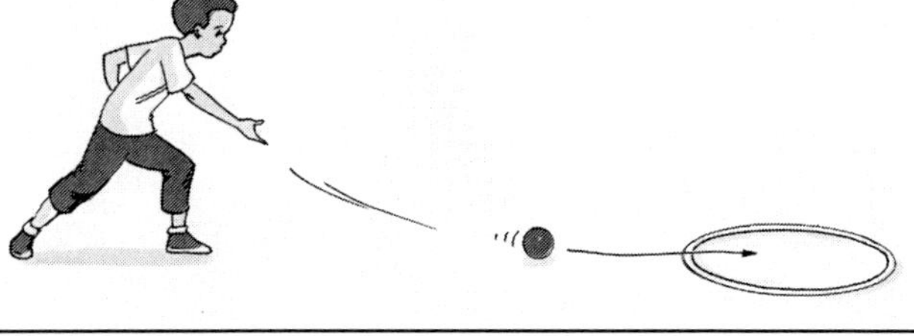	Einen Ball so dosiert rollen, dass er in einem ca. 3-5 m entfernten Reifen liegenbleibt.	

11 Wahrnehmungsbereiche beobachten und überprüfen

Wahrnehmungssystem – Sinn	Die Bewegungsaufgabe gelingt … • gut = +++ • annähernd = ++ • kaum oder gar nicht = + Bitte eintragen! →	
Bedeutung für die Schule: Die **visuelle Wahrnehmung (= Sehsinn)** ermöglicht die visuelle Ausdifferenzierung von Buchstaben und koordiniert bei allen schreibmotorischen Aktivitäten Auge und Hand.		
	Einen Tennisball mit einer Hand auf den Boden prellen und anschließend mit dem in der anderen Hand befindlichen Joghurtbecher auffangen.	
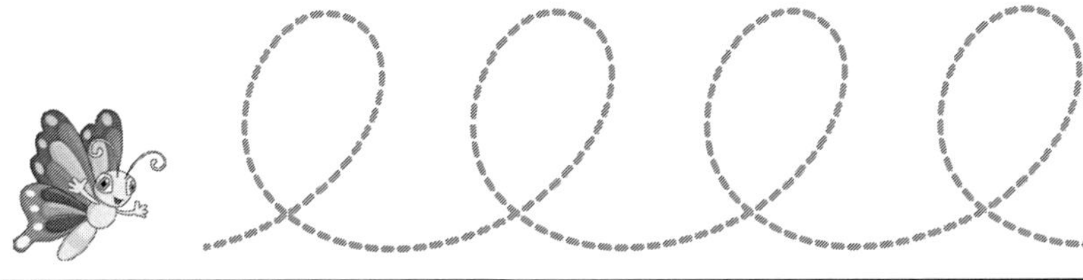	„Spure“ die gepunktete Linie mehrmals mit verschiedenen Farben nach.	
	Einen Ball aus ca. 2-3 m Entfernung in einen Papierkorb werfen.	
Bedeutung für die Schule: Die **auditive Wahrnehmung (= Gehörsinn)** ermöglicht, wichtige von unwichtigen akustischen Informationen (Signalen) zu unterscheiden und dadurch wahrzunehmen, was gerade im Unterricht besonders wichtig ist.		
	Die Lehrerin klatscht einen Rhythmus vor: 2-mal in die Hände klatschen und danach 2-mal auf den den Tisch klatschen. Der Klatschrhythmus soll vom Kind mehrmals nachgeahmt werden.	
	Das Kind geht beliebig durch den Raum. Auf die Ansage der Lehrerin „Rechte Hand“ muss schnell das genannte Körperteil auf die Sitzfläche eines Stuhls geführt werden.	
	Die Lehrerin spricht und klatscht dem Kind einige ausgewählte Wörter vor, z. B. „Kro-ko-dil“. Das Kind soll nun das Wort nachsprechen und dabei zugleich in die Hände klatschen. Weitere Beispiele: Hun-de-lei-ne, Ski-lang-lauf.	

Bewegung schafft Grundlagen für Lesen & Schreiben – Bestell-Nr. 12 722
KOHL VERLAG

Literaturhinweise

→ Barth, K.: Lernschwächen früh erkennen – im Vorschul- und Grundschulalter, Ernst Reinhardt Verlag 1997

→ Bräggert, G./Hundeloh, H./Posse, N./Städtler, H.: Bewegung und Lernen, Beltz Verlag 2017

→ Hannaford, C.: Bewegung – das Tor zum Lernen, Kirchzarten bei Freiburg: VAK Verlags GmbH 2008

→ Haase, P.: Schreiben und Lesen sicher lehren und lernen, Dortmund: borgmann publishing 2000

→ Kambas, Antonios: Die schreiben aber gar nicht! Graphomotorische Kompetenz durch Schulung der Bewegungskoordination, in: Wahrnehmen – Bewegen – Lernen – Kindheit in Bewegung, 2003, S. 99

→ Kesper, G./Hottinger, C.: Mototherapie bei Sensorischen Integrationsstörungen, München: Ernst Reinhardt Verlag 2007

→ Kesper, G.: Sensorische Integration und Lernen, München: Ernst Reinhardt Verlag 2002

→ Lütgeharm, R.: Bewegte Schule – Lernen mit allen Sinnen, Kerpen: Kohl Verlag 2021

→ Milz, I.: Neuropsychologie für Pädagogen – Neuropädagogik für die Schule, Dortmund: verlag modernes lernen borgmann publishing 1996

→ Noterdaeme, M./Breuer-Schaumann, A.E.: Lesen und Schreiben – Bausteine des Lebens, Dortmund: verlag modernes lernen Borgmann 2003

→ Rudolf, H.: Graphomotorische Testbatterie -Testmappe. Weinheim: Beltz 1986

→ Sowa, M.: „Das reißt uns vom Hocker" – Lernwelten in Bewegung, Dortmund: verlag modernes lernen 2000

→ Zitzlsperger, H.: Vom Gehirn zur Schrift, Hohengehren: Schneider Verlag 2002